DES RÊVES D'ANGOISSE SANS FIN

DU MÊME AUTEUR

Œuvres anthumes

Montesquieu, la politique et l'histoire, Paris, P.U.F., 1959
Manifestes philosophiques de Feuerbach 1839-1845, traduction, Paris, PUF, 1960
Pour Marx, collection « Théorie », Paris, F. Maspero, 1965
Lire « Le Capital », collection « Théorie », Paris, F. Maspero, 1965 (en collaboration)
Lénine et la philosophie, collection « Théorie », Paris, F. Maspero, 1969
Présentation du Livre I du « Capital » [de Karl Marx], Paris, Garnier-Flammarion, 1969
Réponse à John Lewis, collection « Théorie », Paris, F. Maspero, 1973
Philosophie et Philosophie spontanée des savants (1967), collection « Théorie », Paris, F. Maspero, 1974
Éléments d'autocritique, collection « Analyse », Paris, Hachette, 1974
Positions, Paris, Éditions sociales, 1976
22e Congrès « Théorie », Paris, F. Maspero, 1977
Ce qui ne peut plus durer dans le parti communiste, collection « Théorie », Paris, F. Maspero, 1978

Œuvres posthumes

L'Avenir dure longtemps, suivi de *Les Faits*, édition établie et présentée par Olivier Corpet et Yann Moulier Boutang, Paris, Stock/IMEC, 1992
Nouvelle édition augmentée, Paris, Stock/IMEC, 2007. Réédition, collection « Champs », Paris, Flammarion, 2013
Journal de captivité, Stalag XA, 1940-1945 : carnets, correspondances, textes, édition établie par Olivier Corpet et Yann Moulier Boutang, Paris, Stock/IMEC, 1992
Écrits sur la psychanalyse : Freud et Lacan, édition établie et présentée par Olivier Corpet et François Matheron, Paris, Stock/IMEC, 1993
Écrits philosophiques et politiques, tome I, textes réunis et présentés par François Matheron, Paris, Stock/IMEC, 1994

Suite en fin d'ouvrage

LOUIS ALTHUSSER

DES RÊVES D'ANGOISSE SANS FIN

Récits de rêves (1941-1967)

suivi de

UN MEURTRE À DEUX

(1985)

Textes choisis et présentés par Olivier Corpet
avec la collaboration de Yann Moulier Boutang

GRASSET/IMEC

ISBN : 978-2-246-78337-4

PRÉSENTATION

Louis Althusser rêvait beaucoup : « J'en fais à la pelle, mais je ne les note pas, j'en fais trop », précise-t-il dans l'une des toutes premières lettres qu'il adresse en septembre 1947 à sa compagne et future femme, Hélène[1], peu de temps après l'avoir rencontrée, juste après lui avoir fait le récit d'un rêve qu'il trouve plutôt « drôle » (*sic*), et juste avant de lui en confier un autre, pas drôle du tout, sur le retour d'amis morts. « Je ne sais pas si c'est très bon », ajoute-t-il, avec un humour bien involontaire[2]. En réalité, comme il l'avoue à Hélène un peu plus tard, ses rêves sont surtout « d'épouvantables cauchemars[3] ». Quelques jours plus tard, il lui écrit, au lendemain d'une journée où tout s'est bien passé : « C'est la nuit que mon inconscient il s'est déchaîné, parce que manifestement ça allait trop bien : cauchemars[4]... »

1. Louis Althusser, *Lettres à Hélène*, Paris, Grasset/IMEC, 2011, p. 76.
2. *Ibid.*, p. 87.
3. *Ibid.*, p. 465.
4. *Ibid.*, p. 470.

De ces rêves si nombreux, si cauchemardesques, Louis Althusser a conservé quelques traces, qu'il a transcrites, voire tapées à la machine. Ses archives ont gardé plusieurs de ces transcriptions entre 1947 et 1967, qui mêlent à la fois des récits de rêve et des fragments d'un « journal » qui consiste en des notes datées où il est question de ses rapports avec des femmes (Hélène, Claire, Franca, principalement), ou avec ses proches (particulièrement au printemps 1985, lorsqu'il écrit *L'avenir dure longtemps*), ou enfin avec ses différents analystes... Il s'agit donc d'un « journal » décousu et aléatoire dont il avait conservé des éléments, n'hésitant pas à mêler dans ses archives des récits de rêve et plusieurs de ces fragments.

Le présent volume a été compliqué à mettre au point. Donnons-en ici les raisons et les principes d'édition. Pourquoi faire un sort éditorial particulier aux rêves du philosophe ? Et pourquoi maintenant ?

Il est aisé de répondre à la première question : parmi les archives laissées par Althusser, il y avait bien un ensemble de retranscriptions de rêves conservés comme telles dans des chemises intitulées « Rêves », dont on sait avec certitude qu'il les a relues, au moins pour partie, avant de se lancer dans l'écriture de son autobiographie *L'avenir dure longtemps*, en 1985.

D'autres récits de rêve ont été retrouvés dans plusieurs dossiers de correspondance avec l'une ou l'autre des femmes avec lesquelles il a entretenu une liaison, la majorité figurant dans les innombrables lettres à Claire, de 1955 à 1962, dont il a soigneusement conservé la trace. En effet, Claire avait préféré, pour protéger leur relation de toute indiscrétion ou découverte malencontreuse par son mari qu'elle savait très jaloux, lui restituer l'ensemble de ses propres lettres ; ce qui fait que se trouve conservé dans le fonds Althusser l'ensemble de leur correspondance croisée. Le premier ensemble de ce volume (« Prélude ») montre que c'est avec Claire qu'il a commencé à élaborer une théorie du rêve « *toujours en avance* sur la vie » : « la vie, précise-t-il, *vérifie toujours* ce que le rêve a discerné et conclu avant elle ». Aussi, on comprend mieux pourquoi il invite Claire, à plusieurs reprises, à lui raconter ses rêves :

> Raconte-moi les rêves que tu fais, Claire [lui demande-t-il le 18 février 1958], les deux que tu me dis sont très intéressants. Je pourrai te dire beaucoup de choses de toi sur tes rêves – mais pour cela, je veux dire pour ne pas risquer de te dire des choses trop précaires, il faut m'en donner plusieurs.
> Le langage des rêves est tout à fait étonnant (et je crois que les tiens te réserveront des surprises) (qui correspondent tout à fait à ta vie) (au moins à certains côtés de ta vie que tu ne vois pas, ou ne tiens pas à voir de trop près) (tu sais : il y a des idées, qui sont parfois comme des flammes : il faut qu'elles brûlent pour que la vie en soit éclairée. Mais il est interdit d'y toucher, pour ne pas s'y brûler les mains – du moins c'est ainsi qu'on *justifie* qu'on n'y porte pas les mains : par peur de s'y brûler. Or la plupart du temps ces idées sont inoffensives. Elles n'ont pour tout feu périlleux que la crainte de les prendre dans les mains et de les approcher de son visage)
> En tout cas, tu peux me raconter tes rêves, Claire. Tu n'as rien à craindre d'eux, ni de moi (pas plus que

tu n'as eu à craindre (l'expérience te l'a montré) des confidences que tu m'as faites.) Et si tu me les racontes, je crois même que cela finira par t'aider dans la vie.

Ce volume s'ouvre donc sur une longue lettre de Louis Althusser dans laquelle il analyse et interprète deux rêves que lui a envoyés Claire. A cette époque, le seul ouvrage de sa bibliothèque sur le sujet est l'*Introduction à l'analyse des rêves* de Charles Baudoin, publié en 1945 à Genève et à Annemasse en Haute-Savoie par les éditions du Mont-Blanc (opus qu'il a de toute évidence lu et dont il a souligné certains passages). Quand a-t-il fait ces annotations ? Nous ne le savons pas exactement. Probablement au moment même où il commente les rêves de Claire.

Il acquerra, dès leur parution en 1967 aux Presses universitaires de France, l'ouvrage de Freud sur *La Technique psychanalytique* et surtout *L'Interprétation des rêves* dans l'édition de I. Meyerson, revue et augmentée par Denise Berger. Ces deux ouvrages portent en marge la trace de sa lecture (passages soulignés). Quelques années auparavant, en 1964, il avait acquis un *Choix de rêves* de l'auteur romantique allemand Jean Paul (chez Corti).

Curieusement, le deuxième temps fort de l'interrogation d'Althusser sur les rêves ne se situe que vingt-six ans plus tard, en 1984, dans un retour rétrospectif sur une période charnière de sa vie passée, en août 1964.

Il soumet à René Diatkine, son analyste, la transcription d'un de ses rêves les plus spectaculaires d'alors. Cette démarche tient largement du hasard, du moins l'a-t-il prétendu, puisque ce texte venait d'être découvert dans cette pièce de son dernier appartement de la rue Lucien-Leuwen, qu'il appelait lui-même « la chambre d'Hélène », et où il avait effectivement rangé ses archives les plus personnelles. C'est son amie mexicaine Fernanda Navarro qui avait retrouvé les rêves des 10 et 11 août 1964 et les lui avait soumis. S'attachant alors à en relever le caractère « prémonitoire », il en a lui-même souligné au feutre bleu certains passages.

Alors que Fernanda Navarro est rentrée chez elle à Mexico, il lui écrit à deux reprises, à propos de cette relecture de ses rêves. Le 10 juin 1984 : « Le rêve que tu as trouvé tapé à la machine, Diatkine s'y est peut-être trop intéressé... » Le « peut-être trop » fait-il allusion au caractère décisif de la période de 1964 ? Ou bien à un doute que René Diatkine aurait nourri sur l'interprétation de ces rêves, qu'il mena de concert avec sa compagne Hélène, ou bien à sa propre interprétation ? Le lendemain, il revient sur le sujet et précise à Fernanda : « Il est arrivé une chose assez étonnante : le rêve manuscrit que tu avais retrouvé, daté de 64, avait une allure prémonitoire étonnante, puisqu'il y était question du meurtre de ma mère[1] étranglée par moi. Cela nous a permis, à D[iatkine] et à moi, de bien travailler sur cette pulsion inconsciente qui a abouti

1. On remarquera qu'Althusser lui-même commet un lapsus sur le texte authentique de la retranscription qui commence par « je dois tuer ma sœur » et non « ma mère ».

au drame. Je crois que j'ai renoué avec lui de façon positive et féconde. Je te le dois[1]... »

Ce rêve du 10 août a été publié en espagnol en novembre 1990 par Fernanda Navarro, dans la revue mexicaine *La Jornada Semanal*, au lendemain de la mort du philosophe.

Pour notre part, nous avions sciemment refusé de publier dans la première édition de *L'avenir dure longtemps* ce rêve et d'autres matériaux trouvés en même temps que le manuscrit de l'autobiographie, pour éviter des surinterprétations hasardeuses. Deux ans après, en 1994, lors de la parution au Livre de poche de l'autobiographie, nous avons inclus les rêves des 10, 11 et 12 août 1964 dans un ensemble de *Matériaux* comprenant des fragments inédits de *L'avenir dure longtemps* et des documents autobiographiques, ainsi que des extraits de la correspondance de Louis avec Hélène. A notre grand étonnement, ces *Matériaux*, qui représentent plus d'un tiers de textes en plus, sont en fait passés largement inaperçus alors que la première édition avait suscité des commentaires à foison.

Les documents publiés dans ce volume comprennent principalement des récits de rêve donnés par ordre chronologique. Jusqu'au début des années 1960, ces récits sont « bruts » tandis que les suivants, à partir

1. Louis Althusser, *Sur la philosophie*, Paris, Gallimard, collection « L'Infini », 1994, p. 93.

de 1964, année décisive, sinon cruciale dans la vie personnelle de Louis Althusser, sont incontestablement traversés par des considérations mêlant à la fois des truismes psychanalytiques et des analyses fort subtiles. En 1964, il va en effet changer de psychanalyste et passer de Laurent Stévenin à René Diatkine, qu'il ne quittera plus.

Nous avons retenu les récits qui étaient lisibles et seule une petite quantité de textes trop allusifs et hachés a été finalement écartée de notre sélection.

À cet ensemble de récits de rêves inédits, nous avons ajouté les récits de rêves déjà publiés dans différents ouvrages comme le *Journal de captivité* et les *Lettres à Franca* ou les *Lettres à Hélène*, de manière à ce que le lecteur dispose de l'ensemble des récits de rêves de Louis Althusser. Après de nombreuses hésitations et tergiversations, nous avons écarté les textes ne correspondant pas à des récits de rêve proprement dits, et cela même si ces textes ont été gardés par Louis Althusser avec ses rêves. Il est en effet impossible de savoir précisément si cette coïncidence est intentionnelle ou fortuite, due à un reclassement hasardeux de ses papiers par l'auteur, au terme de différents déménagements de ses affaires de travail. Et puis surtout, ces textes relativement épars (comme une note à Diatkine dont on ne sait si elle a été envoyée ou, autre exemple, le double d'une lettre à un correspondant non identifié et portant sur des problèmes d'intendance et de travaux dans leur maison de vacances à Gordes en même temps qu'elle raconte sa relation difficile avec Hélène), tous documents qui ont des statuts fort différents des récits de rêve et dont la publication aurait *in fine* nui à la cohérence du volume.

Il y a d'entrée de jeu un intérêt à réunir les rêves d'un philosophe, ne serait-ce que parce qu'on pense pouvoir accéder par cette lecture à son inconscient et parce qu'on a l'idée a priori qu'il est plus perspicace que le commun des mortels. Ainsi la publication des *Rêves* de Walter Benjamin (Éditions Le Promeneur, 2009) révèle-t-elle un pan de sa méthode de penser, au sujet notamment d'une « théorie autonome du rêve », autonome par rapport à la théorie freudienne qui fait du rêve l'accomplissement d'un désir.

Dans le cas d'Althusser, les rêves sont forcément l'objet d'une lecture biaisée par l'événement majeur de sa biographie : le fait qu'il ait étranglé sa femme en novembre 1980. Difficile en effet de ne pas lire ces rêves, tous antérieurs à cette date fatidique, sans y chercher la prémonition de cet événement tragique, comme son annonce. Néanmoins, il importe de résister à cette tentation et de les considérer comme tels, à l'exception du rêve effectivement prémonitoire du 10 août 1964, et de n'y voir que l'expression par le rêve de fantasmes inconscients intimement liés à la biographie de leur auteur.

Voilà pourquoi il est essentiel dans le cas d'Althusser d'accompagner la lecture des rêves de celle de sa biographie telle qu'elle a été établie par Yann Moulier Boutang pour les années de « formation du mythe, 1918-1956[1] » et telle qu'elle résultera de la publication

1. Yann Moulier Boutang, *Louis Althusser, une biographie*, Paris, Grasset, 1992 ; réédition *in* Le Livre de Poche, deux tomes, 2002.

de la totalité de cette biographie, jusqu'à la mort de Louis Althusser et au-delà.

Nous avons pensé que la publication de ces rêves s'imposait afin de donner au lecteur la possibilité de lire tout un parcours à travers un objet bien délimité (les récits de rêves) de la même façon qu'on peut parcourir l'itinéraire de Louis Althusser à travers les *Lettres à Franca* ou bien dans ses *Lettres à Hélène*. Reste que cette édition des rêves est, si on peut le dire, « pleine de trous » et qu'il est plus important que jamais de combler ceux-ci avec les faits avérés de la biographie.

Après 1964, la minceur du nombre de rêves est frappante. La raison tient sans doute à l'état de santé de Louis Althusser. De plus en plus « chargé » de médicaments, après quinze ans de cures diverses, de changements de posologie en même temps que de psychanalyste, peut-être n'a-t-il plus eu la force ni même l'envie de retranscrire ses rêves ? Il avoue en 1969, dans une lettre à Hélène :

> « les rapports avec mon inconscient ne sont pas de tout repos. Des cauchemars terribles, et d'une précision hallucinante. L'autre nuit, je battais ma mère, et avais affaire à mon père. Cette nuit, une horrible histoire avec Nicole. C'est bon signe, car ce sont de tout nouveaux thèmes. Mais c'est rude[1] ».

Ecartelé entre des nuits horribles peuplées de cauchemars et l'angoisse d'avoir livré à son psychanalyste,

1. Cf. *Lettres à Hélène*, *op.cit.*, p. 535.

comme il le dit dans une lettre à Franca du 1er mai 1967, un « rêve clé », aurait-il préféré s'abstenir dorénavant de toute retranscription de rêve ? Tout cela n'est qu'hypothèse. A moins, bien sûr, qu'il n'ait poursuivi ses retranscriptions entre 1967 et 1980, et détruit toute trace de celles-ci ensuite ? Cette seconde hypothèse paraît la moins probable.

Pour clore ce livre, nous avons choisi non sans quelques hésitations d'adjoindre un texte intitulé par nous *Un meurtre à deux*, dans la mesure où il constitue un texte très important bien que son statut demeure incertain, ce que nous avons suggéré dans un sous-titre de notre cru, « Note attribuée par Louis Althusser à son psychiatre traitant ». Ce texte dactylographié par Althusser fait partie de ce qu'on peut appeler le « journal de la rédaction de *L'avenir dure longtemps* » ; il s'agit d'un ensemble de notes, datées de mars ou d'avril 1985, prises par Althusser à la suite de différents entretiens qu'il a alors avec ses proches à propos du meurtre d'Hélène et de son projet d'écrire un texte autobiographique.

On retrouve ainsi des notes sur ses discussions avec le Père Breton, Michelle Loi, Hélène Ioannidi, Solange Troisier, René Diatkine ou Etienne Balibar. Ces notes, toutes retapées à la machine, sont de longueurs différentes, de une à trois pages. Un seul de ces textes est bien plus développé. Il correspond aux notes prises par Louis Althusser après une discussion avec le docteur Uhl, son psychiatre à l'hôpital L'Eau Vive de Soisy où il fit plusieurs séjours. Ces notes ont été retapées à la machine par Louis Althusser et représentent un document de 11 feuillets dactylographiés. Agrafé à cinq reprises tout du long de la hauteur de la page, il se présente comme le compte rendu détaillé de propos tenus par le psychiatre. Après un long début sur les phénomènes d'onirisme qui laissent Louis Althusser complètement épuisé, sur ses cauchemars, désignés plutôt comme « des rêves d'angoisse sans fin », le texte revient sur le comportement du philosophe à Soisy, sur ses rapports avec le personnel soignant et avec les autres patients et s'attarde ensuite sur ses relations avec Hélène au moment du meurtre, en développant la thèse d'un « meurtre à deux ». Enfin, il défend son projet d'écrire un ouvrage sur ce qui lui est arrivé, comme seul moyen pour lui de quitter son statut de « disparu » et d'organiser la fin de son analyse. Un doute cependant vient s'immiscer sur l'origine de cette thèse du « meurtre à deux », discours qui sert trop bien un désir de s'autodisculper. Au point qu'on se demande si le dernier psychiatre qui traita Althusser n'en serait pas venu à cautionner un peu trop facilement une thèse *in fine* avantageuse pour son patient, ou si le patient n'a pas prêté à son psychiatre des propos que ce dernier n'a pas tenus…

Le doute est permis lorsqu'on s'aperçoit que Louis Althusser a conservé (et agrafé de la même façon que son texte dactylographié) les 12 pages de notes originales prises lors de son prétendu entretien avec Uhl et lorsqu'on peut y lire un usage systématique du « je » remplacé par un « tu » dans la version dactylographiée de l'entretien. Donnons un exemple : dans les notes manuscrites on lit « un jour demandé à Mme M. – est-ce que je pourrais recommencer (sur mes visiteuses), ma crainte était inconsciemment transmise aux infirmières qui avaient peur (de moi) de se retrouver seules avec moi, etc. », ce qui devient dans la version dactylographiée : « Un jour tu as demandé à Mme M. : "est-ce que je risque de recommencer ?" (sur tes visiteuses). Ta crainte était inconsciemment transmise aux infirmières qui avaient peur de toi, de se retrouver en danger lorsqu'elles étaient seules avec toi, etc. » L'ensemble du texte est ainsi construit sur une substitution du « tu » au « je », lequel « je » n'est pas complètement éliminé dans la frappe puisqu'il réapparaît à quelques endroits comme un lapsus. On doit s'interroger également sur le mécanisme qui aurait fait que, lors de la prise de notes, Louis Althusser aurait immédiatement transformé en « je » les « tu » de Uhl (lequel n'aurait certainement pas dit « je »). Bref, il y a là un « mystère » qui nous a conduits à avancer l'idée qu'il s'agit bien d'une « Note attribuée à son psychiatre traitant » et que selon toute probabilité le texte est en réalité d'un bout à l'autre inspiré par Althusser lui-même, y compris les parties qu'il attribue explicitement au docteur Uhl (ne serait-ce que dans l'emploi fréquent du concept très althussérien d'« après-coup »).

On ajoutera que cette note est datée précisément dans sa version dactylographiée du 14 avril 1985. Or, d'après les agendas de Louis Althusser, il apparaît d'abord que le 14 avril est un dimanche et que le seul rendez-vous marqué est avec le Père Breton, aucun rendez-vous n'étant inscrit avec Uhl avant le 17 mai à 14 heures. Ce n'est pas une preuve, seulement un indice de plus du statut fictionnel de cet entretien et de sa transcription. Cela bien évidemment n'enlève rien à l'intérêt de ce texte, qui vient tout naturellement en conclusion de cet ensemble de documents et permet de mieux approcher et de mieux comprendre les enchaînements tragiques qui ont conduit Louis Althusser à commettre l'irréparable, mais dédouane néanmoins Uhl de toute responsabilité.

Cet ouvrage est sans doute le dernier de la série des volumes tirés des archives de Louis Althusser, construits à partir des documents trouvés dans le fonds exceptionnel de l'IMEC. Il s'inscrit dans la lignée de *L'avenir dure longtemps*, du *Journal de captivité*, des *Ecrits sur la psychanalyse*, des deux volumes d'*Ecrits philosophiques et politiques*, des *Lettres à Franca* (en coédition avec Stock) et des *Lettres à Hélène* (en coédition avec Grasset). Il vient clore tout un chantier de valorisation du fonds d'archives qui, comme il se doit, ne se limite nullement à ces ouvrages-ci, mais inclut d'autres ouvrages publiés chez d'autres éditeurs comme celui intitulé *Sur la philosophie* (chez Gallimard, collection « L'Infini », 1994) ou encore des textes inédits aux PUF (comme *Solitude de Machiavel*, en 1998, ou beaucoup plus récemment, en 2013, *Initiation à la philosophie pour les non-philosophes*), des cours comme *Politique et histoire de Machiavel à Marx*, au Seuil (2006) ou *Sur le contrat social* chez Manucius en 2008, sans oublier un recueil de textes, *Machiavel et nous* chez Tallandier en 2009… Tout cela pour faire remarquer que sous la rubrique « Du même auteur », c'est une liste d'ouvrages bien plus longue qui s'affiche désormais, à partir de la publication de *L'avenir dure longtemps*, son autobiographie majeure. Ajoutons à cela que la quasi-totalité des textes publiés du vivant d'Althusser ont été réédités depuis avec le plus souvent des préfaces contemporaines qui replacent chacun de ces ouvrages dans le cadre de ces nouvelles publications pour la plupart inédites. C'est le cas notamment pour les ouvrages connus et célèbres que sont *Pour Marx* et *Lire « Le Capital »*. Seuls demeurent inaccessibles aujourd'hui, mais sans doute plus pour très longtemps, les textes d'intervention politique comme *Ce qui ne peut plus durer dans le PCF*, *Lénine et la philosophie*, *XXIIe Congrès* ou encore *Réponse à John Lewis* ; ou des manuscrits d'ouvrages prêts à être édités, comme celui intitulé *Les Vaches noires*, restés en l'état pour des raisons d'ordre biographique ou politique aujourd'hui obsolètes.

L'œuvre de Louis Althusser a ainsi connu un exceptionnel *épanouissement posthume* qui lui a évité la plongée dans un purgatoire auquel elle était pourtant promise lorsque le philosophe s'est éteint en 1990, dix ans après le crime qu'il a commis sur sa femme, Hélène Rytmann. Aujourd'hui, on ne compte plus les éditions étrangères qui reprennent, à la suite de l'autobiographie, divers ouvrages inédits. Et l'archive du philosophe est constamment sollicitée par des chercheurs venant de multiples horizons. Comment expliquer ce phénomène et sa persistance plus de trente ans après la disparition du philosophe ? Plusieurs raisons peuvent être évoquées : l'existence d'un fonds d'archives considérable, très largement ouvert aux chercheurs du monde entier ; la rare ouverture d'esprit d'un héritier qui n'a eu de cesse de favoriser les publications des œuvres de son oncle, tout en veillant – avec le soutien de l'IMEC – à ce que toujours ces publications soient réalisées en s'appuyant sur les archives ; la puissance intrinsèque d'une œuvre d'une grande fécondité dont les contradictions mêmes embrassent largement les problématiques contemporaines et portent un regard d'une grande acuité critique sur une bonne partie des questions philosophiques qui les agitent ; enfin, le caractère singulier d'un destin biographique de philosophe-meurtrier, sans équivalent dans l'histoire, qui reste fascinant et déroutant.

Ajoutons à toutes ces raisons une dernière plus prosaïque, qui tient à l'hypothèse que nous formulions au début de l'aventure éditoriale de la publication des œuvres de Louis Althusser, à savoir que c'est en commençant ce travail d'édition par la publication de *L'avenir dure longtemps*, ouvrage unique, qu'il serait possible d'ouvrir le champ Althusser suivant son plus grand angle ; donc de lui permettre, à travers un programme de publications posthumes, de se déployer complètement à partir de cette autobiographie et non pas en dépit ou en marge de celle-ci. Ce choix initial s'est vite révélé le plus fécond et en tout cas a abouti à la situation qui est celle d'Althusser aujourd'hui : celle d'un philosophe majeur de notre temps, celle d'une œuvre toujours présente et vivante.

OLIVIER CORPET

Note sur la présente édition

L'orthographe et la ponctuation originales ont été presque toujours respectées : nous avons en particulier conservé en l'état la plupart des phrases commençant sans majuscule ou s'achevant sans point, procédé trop fréquemment utilisé pour être attribuable à la seule distraction. Nous avons toutefois corrigé les coquilles manifestes, et ajouté quelques signes de ponctuation indispensables à la compréhension du texte. Les passages en italique correspondent aux expressions soulignées à la machine dans les documents dactylographiés, ou soulignés d'un seul trait dans les documents manuscrits ; les passages à la fois soulignés et en italique correspondent aux expressions soulignées à la fois à la machine et à la main dans les documents dactylographiés, ou soulignés de deux ou plusieurs traits dans les documents manuscrits.

Pour la lisibilité du texte, les abréviations courantes ont été systématiquement transcrites en toutes lettres : « svt » par « souvent », « pb » par « problème, » « ds » par « dans », etc. De la même façon, les chiffres ont été transcrits en toutes lettres : « 1er » par « premier »,

« 2nd » par « second », etc. Nous avons conservé pour Hélène l'abréviation « H. » utilisée par Louis Althusser.

Ces rêves sont présentés chronologiquement, d'après les regroupements effectués par Louis Althusser, auxquels nous avons à chaque fois donné un titre.

Sauf mention contraire, les notes sont des notes d'édition.

Nous avons jugé utile d'ajouter un cahier photos reproduisant un certain nombre de récits de rêves de Louis Althusser, montrant des graphies souvent fort différentes qui témoignent d'états psychologiques changeants.

Cette édition a été établie à partir des dossiers conservés dans le Fonds Louis Althusser ouvert aux chercheurs à l'IMEC/Abbaye d'Ardenne (www.imec-archives.com).

PRÉLUDE

LE RÊVE TOUJOURS EN AVANCE SUR LA VIE

Interprétations de deux rêves de Claire
Lettre à Claire (février 1958)

[Lettre dactylographiée à Claire
datée du 22 février 1958.]

samedi 16 h 30 22.2.58

ma chérie

Tes rêves[1].

Le rêve de Julie[2].

Que je fasse l'amour avec Julie, en ta présence : quelque chose de toi s'y exprime, un vœu certainement

---

1. Extrait de la lettre manuscrite de Claire à Louis Althusser du 16 février 1958 :

« [...] Puis j'ai fait des rêves et des rêves à ton sujet. Dans un, tu faisais l'a.... avec Julie et j'y étais vaguement mêlée. Mais elle était si laide par tant de côtés (ce qu'elle n'est pas évidemment) que cela me dégoûtait de toi ; puis après je t'avais prêté une maison que je possédais et tu l'avais transformée dans un tel foutoir (et même tu laissais l'eau traverser le toit !), tu y recevais des jeunes gens si déplaisants qui l'avaient transformée en une espèce de repaire que, à la suite d'une visite que je t'y faisais, je mettais mon manteau et te disais adieu. Tu pleurais, et moi aussi d'ailleurs et nous savions tous les deux que, après cette période merveilleuse (celle que nous vivons dans la réalité) cette séparation faite apparemment sur un mouvement d'humeur ne pouvait être que définitive et nous nous trouvions tous les deux au bord de l'abîme, impuissants devant notre amour détruit et désespérés de n'y plus rien pouvoir.

J'espère que tes rêves où tu me mêles sont plus encourageants. [...] »

2. Personnage non identifié.

très profond, mais dont j'ignore les racines. Toi aussi tu les ignores. Je les connaîtrai certainement avant toi (on est toujours le dernier informé de ces significations cachées). Il y a sans doute ce que tu m'as dit un jour d'un certain attrait chez toi de thèmes érotiques, attrait qu'en même temps tu combattais, puisqu'aussitôt après me l'avoir confié, tu avais ajouté : « je n'en ai quand même pas encore l'âge... ». Il y a aussi, liée à ces thèmes, l'idée, très explicite : si tu étais mêlée à ces jeux érotiques, ce serait le lien le plus violent qui te relierait à moi (dans l'ordre de la sensualité). Je crois que c'est là le thème le plus important sous ces images. Mais il faut prendre garde que les personnages dans un rêve ne sont pas nécessairement des personnages *réels*. Ce qui signifie que J[ulie] et moi ne sommes pas seulement J[ulie] et moi, mais d'autres personnages possibles en général. D'où l'on peut tirer avec beaucoup de prudence, mais néanmoins avec une certitude très grande, que dans ce thème s'exprime chez toi le *vœu* extrêmement profond d'être attachée à un homme par des liens érotiques et sensuels *très forts*, et le sentiment que cet attachement très fort *devrait* passer par le *spectacle* de l'activité érotique de cet homme. C'est là le premier point (tu reconnais aussi que dans ce « spectacle » de l'activité érotique de l'homme se *reproduit* et s'incarne ce besoin de distance visuelle si profond chez toi : voir à distance de toi ce à quoi tu tiens par-dessus tout ; non seulement vivre ton désir, mais le *voir* pour être pour ainsi dire assurée de sa *qualité* et de son niveau, je veux dire être assurée de la qualité et du niveau de *l'objet* de ton désir (cet homme que tu vois faire l'amour) (vœu auquel répond si bien, et avec de profondes résonnances le désir que j'ai de te voir toi aussi venir de loin dans un grand espace, qui peut être un jardin, les Tuileries, une plage, ou tout simplement la vie).

C'est là le premier point.

Mais il y a autre chose dans ce rêve, il y a exactement le *contraire* de ce premier désir. Dans l'histoire du rêve J[ulie] devient très laide « par tant de côtés » (« ce qu'elle n'est pas évidemment » comme tu le dis si bien). Et cette laideur qui surgit te « dégoûte de moi ». Je te disais c'est le contraire du premier désir. Ou tout au moins d'une *partie* du premier désir. C'est qu'il y a dans ton rêve en effet la *critique* de ce premier désir, au moins de la *forme* dans laquelle tu le rêves. La critique de la situation visuelle, la critique du « spectacle », la critique de la « distance ». J[ulie] devient laide veut dire que tu la rayes et la repousses de l'image que tu composes, comme le contraire de ce que tu souhaites. Elle a sa place dans cette image (premier désir) mais en même temps il apparaît qu'elle *n'y a pas sa place*. Le rêve est une espèce d'*expérience* vécue (un peu comme d'autres expériences que tu n'as pas rêvées, mais que tu as faites dans la vie, justement pour donner corps et visage à ton désir) et le rêve te donne le résultat de cette expérience : c'est que J[ulie] est laide, c'est qu'elle n'a pas sa place dedans l'expérience, c'est qu'elle n'aurait pas dû y être introduite. Le rêve te décrit en clair la conscience confuse, la *certitude inconsciente* que tu as que cette *forme* visuelle (spectacle à distance avec modèle idéal abstrait) de réalisation de ton désir le plus profond (union avec un homme dans le sens le plus sensuel du terme) est contradictoire, n'est pas entièrement viable, est vouée à la décomposition (la laideur qui apparaît) et à l'échec. Et cette certitude inconsciente que tu as comporte aussi l'idée que cet échec a pour conséquence le « dégoût » de l'homme que tu engages dans cette entreprise. Ceci veut dire que tu sais ou plutôt que tu *crains* de te trouver *déçue* (voire dégoûtée) par l'homme que tu as uni à cette expérience, par l'homme sur lequel tu as projeté *ce* désir contradictoire dans sa forme de « spectacle ».

Je crois que ce rêve est extrêmement important parce qu'il témoigne qu'une vérité capitale te concernant est en train de *faire son chemin* en toi : cette vérité c'est la prise de conscience du caractère contradictoire de la forme « spectaculaire » de ton désir le plus profond, de ton désir de bonheur à travers l'union avec un homme. Et quand je dis « faire son chemin », quand je parle de « prise de conscience », je parle du *rêve*, c'est-à-dire des régions de toi où se passe le rêve, où se joue le rêve, où agissent les forces du rêve, régions qui sont plus profondes que les régions de la conscience lucide, régions qui commandent en dernière analyse les régions de la conscience lucide et de la vie consciente. Le rêve est *toujours en avance* sur la vie : c'est une vérité absolument acquise, une vérité comme 2 et 2 font 4. Ce qui veut dire que la vie *vérifie toujours* ce que le rêve a discerné et conclu avant elle. C'est pour cela que je dis de ce rêve qu'il est très important. Parce qu'il annonce que quelque chose est en train de changer profondément en toi. Ce n'est pas moi qui fais le prophète.

C'est toi-même, à travers ton rêve, qui es ton propre prophète.

L'autre rêve : la maison abîmée.

Il est très voisin du premier.

Tu m'as prêté une maison « *que tu possédais* ». Première évidence : tu parles d'une maison que tu possèdes alors que dans la vie tu *ne possèdes pas de maison* qui soit vraiment à toi. Tu n'as « pas de foyer ». Dans le rêve au contraire tu « possèdes » une maison, qui celle-là, manifestement est à toi, et à toi seule. Il est trop évident que ceci que ce simple détail exprime le vœu, vital et profond de posséder une maison qui soit à toi. Et une maison, ce n'est pas qu'une maison. C'est toute la vie que renferme une maison, toute la vie qu'abrite une maison, toute la vie que protège une maison et aussi toute la vie qu'elle *permet*. C'est-à-dire une vie à toi, une vie dont tu sois la seule à disposer, que tu sois la seule à régler, à ordonner, à décider. Besoin d'une indépendance enfin à toi. Où personne ne viendra t'imposer sa loi (pense à tous les échos du thème de la maison que tu organises comme tu le veux dans ta vie, pense à Vernon[1], pense aussi au plaisir qui vient de si loin chez toi puisque c'est presque un plaisir d'enfant, que tu éprouves à l'idée de meubler une maison, une chambre à défaut d'une maison, une chambre qui soit *à toi*, et dont tu auras chassé les meubles qu'on voulait t'imposer). Et cette

1. Vernon, petit village de l'Eure où Claire avait une résidence secondaire et où Louis Althusser s'est rendu à plusieurs reprises.

maison c'est ta vie, ta liberté, c'est une image accomplie du rêve de ta liberté, et de ton indépendance dans le bonheur.

Cette maison, tu me la « *prêtes* ». (N'oublie pas dans tout ceci que *moi*, c'est moi mais c'est plus que moi, c'est ce que je *représente*, c'est un homme, que je puis être, que je suis en grande partie, mais qui avant tout joue *un rôle* dans le jeu du rêve, moi c'est un *rôle nécessaire* pour toi dans le contexte de tes désirs, ici encore, comme toujours dans les rêves, les plus profonds.) Donc tu me « *prêtes* » cette maison. C'est très important ce *prêt*. Tu ne me *donnes* pas cette maison. Tu me la *prêtes*. C'est là qu'il me faudrait d'autres rêves, d'autres signes pour avancer avec certitude. Mais je ne m'avance pas trop, je crois, je veux dire : je ne crois pas me tromper en disant : que ce *prêt* au lieu d'un *don* manifeste quelque chose de nouveau. Il y a le « style », rappelle-toi, si important à titre de modèle, à titre d'image, à titre de « type de conduite » qui représente, ou représentait une tentation constante et très forte dans ta vie consciente jusqu'ici : te « jeter dans les bras d'un homme » (permets-moi cette expression brutale). Cette expression, et ce qu'elle indiquait comme comportement, comme désir de comportement, comme désir de solution, un rêve l'aurait traduite dans le langage du *don*. Donner ta maison à un homme. Or le rêve ne parle pas ce langage, le rêve ne parle pas [de] cette conduite. Il parle un autre langage, il suggère une autre conduite, le langage et la conduite du *prêt*. Et ceci est très différent du « don » et de ses harmoniques. Et il y a un lien très étroit entre ce nouveau langage (prêt) et les significations de la maison. Tu as une maison à toi, tu es libre, tu es indépendante, tu as ton domaine, tu n'es plus à la merci d'un autre (d'un homme ayant sur toi tous pouvoirs et toute domination) : cette indépendance est *vérifiée*, *consacrée* par la conduite du *prêt*. En vérité on *donne* tout quand on n'a rien, je veux dire on est tenté de *tout donner* quand on *attend tout* de celui à qui on donne, quand on attend de lui la solution de tous ses désirs, la solution de sa liberté, la solution d'une liberté qu'on n'a pas et qu'on cherche désespérément en lui, qu'on veut recevoir de lui dans l'instant. *Tout donner* à quelqu'un, c'est dire les choses à l'envers. *Tout donner à quelqu'un c'est souhaiter que quelqu'un vous donne tout*. Ton rêve prouve que *tu n'en es plus là* : la preuve c'est qu'il s'agit dans ton rêve de *prêt* et non de don. Tu n'attends plus d'un homme qu'il te *donne tout* (et il me semble que cette vérité qui est éclatante dans ton rêve rejoint un certain nombre de traits que tu as déjà observés sur toi dans la vie consciente, et rappelle même certaines paroles de toi, dans ta grande lettre de Megève, rappelle-toi, Claire : « joie d'exister pour toi, disais-tu, pour toi *aussi* »). Ce que tu as acquis de liberté, d'indépendance, le fait que tu deviennes vraiment libre a pour contrepartie cet autre fait : tu n'attends plus d'un homme qu'il *te donne tout*, ce qui se traduit à l'envers par le fait que, ayant une « maison » à toi, c'est-à-dire ayant atteint ce sol, cette vérité profonde de toi où tu es libre, tu n'éprouves plus le besoin d'appeler en lui, de suggérer en lui ce don total, cette solution totale de tes désirs, en lui *donnant tout*, en lui *donnant* ta *maison* (en te

« jetant dans ses bras », traduis cela autrement si tu veux : par folie, passion, etc...).

C'est là le côté capital du rêve. Le côté le plus *avancé* (le point où tu es le plus à *l'avant-garde* de toi-même) de toi – ce que tu t'étonnes de découvrir dans la vie concrète, la vie éveillée.

Mais il y a un autre côté du rêve, que nous donne sa suite. Cette maison que tu m'as prêtée, je l'ai « transformée en un tel foutoir (et même je laissais l'eau traverser le toit !), j'y recevais des jeunes gens si déplaisants qui l'avaient transformée en une espèce de repaire, qu'à la suite d'une visite que tu me faisais, tu mettais ton manteau et me disais adieu... Nous pleurions tous les deux, sachant que tout était fini, et presque pour rien... ». C'est l'autre côté du rêve, ce que j'appellerai le côté *arrière-garde*. Qui rappelle étrangement le côté Julie du rêve précédent. Mais cette fois dans un autre contexte. Tu m'as prêté cette maison (tu m'as prêté ta vie, tu m'as fait un prêt de toi, un prêt concret, le prêt le plus précieux : témoin que tu *désires* profondément dans une partie de toi ce prêt, cette expérience). Mais avec ce désir positif et tout à fait nouveau dans sa forme (le prêt) cohabite comme son ombre *la crainte* que l'expérience soit *malheureuse*, que je détruise (je = l'acteur que je représente dans ce jeu du rêve, = *le rôle* que tu m'y fais jouer) tout ce que tu m'as *prêté de toi*. Cette maison qui devrait protéger des intempéries (te protéger des blessures extérieures, des menaces du dehors, de tout ce qui *n'est pas toi*), voilà que l'eau y pénètre. Cette maison qui est ton bien, voilà qu'elle est envahie de gens douteux, et des « jeunes gens » douteux (non ce ne sont pas des *jeunes* gens que tu veux y voir, ceci aussi renseigne sur ton désir, les jeunes gens risquent d'être « déplaisants ») complètement étrangers à toi (et à ce que tu attendais de moi), et ils t'ont *volé* cette maison, ils en ont fait un « repaire » (ce sont les voleurs qui ont un repaire) c'est-à-dire le contraire même d'un lieu de paix et de liberté : le repaire d'où ils sortent pour leurs expéditions, le centre d'entreprises *menaçantes*. Ils ont transformé ta maison dans son contraire absolu, non seulement ils te l'ont volée, mais ils l'ont transformée en une image de cette vie menaçante, hérissée de menaces, absolument privée de certitude et de confiance et de sécurité, en une image de cette vie dont *justement ta maison devait te protéger*. Et cela par ma faute.

C'est là le côté arrière-garde du rêve. La crainte qui subsiste en toi que tu peux *encore* perdre, comme tu le perdais avant (quand tu *n'avais pas de maison*, quand tu ne *prêtais pas*, mais donnais) le bien le plus précieux que tu as acquis : ta liberté (ta maison). La fin du rêve c'est la crainte de retomber dans les vieilles ornières, dans les vieux dangers (la laideur de J[ulie], le « déplaisant » des jeunes gens douteux), dans les vieilles déceptions que tu sais, que tu pressens liées aux vieilles formes de conduites que tu pratiquais ou étais tentée de pratiquer, la crainte de retomber dans les vieilles ornières, *bien que les choses soient profondément changées en toi.*

C'est le conflit (provisoire), la coexistence (provisoire) des vieux schémas et des nouveaux, des vieilles *craintes* et des nouvelles *certitudes*.

Mais dans ces conflits, c'est toujours le nouveau qui l'emporte, c'est aussi sûr que 2 et 2 font 4. Il suffit d'un peu de temps, pour désarmer la vieillesse par le spectacle même de son âge suranné, et par la force des nouvelles certitudes.

Cette solution est déjà dessinée dans le désespoir final du rêve. Désespoir parce que c'est intolérable et c'est vraiment *trop bête*. Le rêve le dit : tout cela se joue sur « un simple mouvement d'humeur... », tout cela se joue sur quelque chose qui est insignifiant, qui n'a pas plus de force qu'un simple mouvement d'humeur... (et qu'est-ce que ce simple mouvement d'humeur à côté d'une maison, de sa force, de son assise, de tout ce qu'elle représente et symbolise).

Dans l'arrière-garde du rêve se trouve déjà de quoi retrouver l'avant-garde.

Je me suis laissé entraîner très loin, Claire.

Il est 19 h.

Je vais courir à la poste pour que tu aies cette lettre demain.

Bon dimanche ma chérie, bonne journée Claire.

Bonsoir ma bien-aimée[1].

Pierre[2]

1. Ajout manuscrit à l'encre bleue.

2. Second prénom de Louis Althusser, et prénom de son grand-père maternel, Pierre Berger, utilisé dans sa correspondance avec Claire.

- I -

1941

Croisière en sous-marin

[Extrait du Journal de captivité, *cahier manuscrit, 7, 9 et 11 février 1941, publié dans* Journal de captivité, Stalag XA, 1940-1945, *Paris, Stock /IMEC, 1992, p.43-44.]*

7 février

Rêvé que j'assistais au 6 février[1]. Monceaux de cadavres nus, avions qui s'éloignent et mitrailles. Puis grand calme. Dans un champ devant moi, parmi les arbres, un groupe de femmes vieilles, blanches, et une jeune fille, je la regarde et je suis très ému, je sens déjà que je vais peut-être l'aimer ; mais comment lui faire comprendre ? Soudain un éclair : je m'avance, lentement, je baise une à une les mains des vieilles personnes que je salue ; je ne peux pas faire exception pour la jeune fille : je garde longuement ses mains douces sous mes lèvres

9 février

Rêve de croisière en sous-marin. Simon[2] conduit. Mais où allons-nous ? Je reconnais soudain parmi le

---

1. Allusion aux manifestations de l'extrême droite, à Paris, le 6 février 1934.

2. Sacha Simon, journaliste à *L'Est républicain*, à Nancy. A publié ses souvenirs de captivité au Stalag XA, le même stalag où avait été détenu

brouillard une côte : la côte de Norvège que je situe pour la nuit à la place de la Suède. Paysage caractéristique : côte abrupte, terre très grasse, avec à flanc de coteau des pins rabougris mais très verts, des toits rouges et surtout des vaisseaux merveilleux, caravelles tout en bois blanc, fouillis prodigieux de mâtures que la perspective dresse vers le ciel, avec de beaux dessins sur la quille et les flancs – car je vois tout cela d'en bas – et d'étranges pavillons. Le sous-marin longe la côte tout seul. Simon regarde et ne s'occupe de rien. Puis nous entrons dans une région étroite, basse, un canal, au fond d'un golfe. Ce n'est pas le canal de Kiel, je le reconnais à ces vaisseaux anciens qui se multiplient, bordent chaque rive, se groupent au pied de chaque montagne, et jettent vers le ciel leurs mâts innombrables. C'est le « canal de Suède ».

11 février

Petite scène de Simon, hier.

Rêvé encore. Maman va voir avec moi une amie. En auto. Elle loge dans une petite ferme perdue, en plein Morvan. L'auto grimpe. Ma mère m'explique que son amie a perdu son mari, n'a qu'une petite fille, et se trouve très triste. La route monte toujours, je m'endors. Quand je me réveille, nous arrivons. Petite maison sur une esplanade, très crue, terre nue, au vent, où on jouerait bien aux boules. Le Morvan alentour

---

Louis Althusser, dans *La Mort dans l'âme*, Nancy, éditions Délivrance, 1947.

est plus haut que jamais, la route tourne ; pas une autre maison en vue. La petite fille est là et l'amie. Grand visage triste. Je parle de son mari. Le grand visage devient encore plus triste. Je me demande pourquoi je manque à ce point de délicatesse, mais je n'ai pu m'empêcher de parler ainsi. L'amie nous invite : « Voulez-vous venir voir sa tombe ? » Je ne me rappelle plus si elle le dit, mais nous partons elle et moi devant, ma mère derrière. Je suis plus triste qu'elle, et je lui prends la main. La route descend fort, nous courons, je ne lui dis rien. Mais je sens bien que je vais pleurer. Un peu plus bas nous sommes sur le plat. Ma mère nous suit, nous l'attendons. Quand elle arrive, je n'en puis plus, je me jette dans ses bras et je pleure, je pleure !

- II -

1944

Pêches pourries

[Extrait du Journal de captivité, cahier manuscrit, 13 juillet et 26 septembre 1944, publié dans Journal de captivité, Stalag XA, 1940-1945, op. cit., *p. 178 et 194.]*

13 juillet

Rêve dont on pourrait faire un poème : à la fin d'un jour d'août, lourd de soleil mourant, ma sœur et moi allions dans le jardin abandonné de Laroche[1]. Sous les pêchers, à même le sol gras, les pêches que personne cette année-là n'avait cueillies, gisaient. Nous les mangions lentement ; elles étaient recroquevillées, ayant gardé un jus épais et fort de cette maturité prolongée. Je voyais ma sœur jeune et belle ; derrière elle des branches remuaient, comme font des personnes éloignées : à peine. Et de terre, comme le soir descendait, levait l'odeur amère et douce des dernières pêches qui déjà pourrissaient.

Mémé vint, ajoutais-je. Nous la suivîmes sans dire mot jusqu'à la cuisine où nous bûmes un grand bol de lait froid.

1. Laroche ou Larochemillay, ou Millay, village du Morvan où les grands-parents maternels de Louis Althusser s'installèrent après leur retour d'Algérie en 1925.

26 septembre

[...]

Rêves bizarres. Le voyage en Chine avec R[obert Daël][1], le [Père] Hours[2] sur une voiture à quatre roues, un arbre posé comme carcasse-carrosserie, et le cheval qui ne veut pas prendre les tournants : il bute dans les haies.

A ajouter au tableau des hommes qui s'accompagnent jusqu'au tombeau, les enfants qui se lèvent soudain, comme de terre, qu'on prend par la main et qui demandent : où qu'on va, dis, où qu'on va ?

1. Robert Daël, « homme de confiance » des Français au Stalag (c'est-à-dire intermédiaire entre les prisonniers et les autorités allemandes), royaliste et anti-allemand, il prit Louis Althusser sous sa protection.

2. Joseph Hours, dit « le Père Hours » (1896-1963), professeur d'histoire en lettres supérieures au lycée du Parc à Lyon, il fut l'un des pères spirituels de Louis Althusser.

- III -

1945

Rêve du pré

[Extrait du Journal de captivité, cahier manuscrit, 7 février 1945, publié dans Journal de captivité, Stalag XA, 1940-1945, op. cit., *p. 224.]*

7 février

Rêve du pré et des jeunes filles qui ont abandonné sur l'herbe leur parapluie. « Belles enfants, voici vos pépins. » Sans résultat. Et R[obert Daël] qui leur apporte le solde, reçoit sourires sur sourires. Je l'ai sec.

- IV -

1947

Le retour d'un mort

[Extrait d'une lettre manuscrite à Hélène de septembre 1947, publiée dans Lettres à Hélène, *Paris, Grasset / IMEC, 2011, p. 76.]*

[...] J'ai un gros papillon de nuit sur mon papier : il m'invite au sommeil. La nuit dernière j'étais en avion, et voilà l'avion qui tout d'un coup (tous dormaient dans l'appareil) est dans un bois, et va tomber. Je m'accroche à une branche, et comme elle est très haute et que j'en puis descendre seul, je me dis que je ne peux tout de même rester indéfiniment dans cette position, il faut que j'aille chercher quelqu'un pour me tirer de là, et me voilà parti, je descends à la ville, déserte. C'était la nuit, rues bien propres sous la lune, un chat qui se promène, personne en vue. Enfin, je trouve une fille qui rentre chez elle et j'ai toutes les peines du monde à la persuader que c'est urgent, que j'ai besoin d'un coup de main, qu'on ne peut tout de même pas laisser un homme pendu à un arbre toute une nuit, mettez-vous à sa place. Elle vient quand même et je ne sais plus la suite car je me réveille. Je me demande un peu ce que tu vas trouver de ce rêve qui me paraît drôle. J'en fais à la pelle mais ne les note pas, j'en fais trop. [...]

[Extrait d'une lettre manuscrite à Hélène du 25 novembre 1947, publiée dans Lettres à Hélène, op. cit., *p. 87.]*

[...] J'ai fait un rêve où des amis morts sont reparus, je ne sais pas si c'est très bon : il y avait Béchard[1], ancien Lyonnais de Câgne[2], grand Bessans[3], plein de vie, mort au Maroc pendant la guerre presque en même temps que sa jeune femme, de la même tuberculose foudroyante. Il revenait et nous étions en classe dans un lycée qui avait tout l'air d'être celui de St Charles à Marseille. Il revenait avec un autre sans état civil, et qui restait effacé dans le rêve. Autour de moi les gens n'avaient pas l'air de trouver cela extraordinaire et moi j'insistais : mais voyons, il était mort tel qu'il était, c'est bien lui ! On me regardait avec pitié, et peu à peu je me demandais si je n'étais pas moi-même abusé. Béchard perdait de sa consistance à mesure que je doutais de sa survie, et je me rappelle encore l'argument dernier qui m'ébranla si fort que je ne trouvai rien à y répondre, c'est le professeur lui-même (qui ? je ne sais) qui le proféra : « Vous voyez bien que ce n'est pas Béchard

1. Philippe Béchard, condisciple de Louis Althusser à Lyon.
2. Orthographe lyonnaise de khâgneux pour désigner les élèves de classe préparatoire aux écoles normales supérieures.
3. Bessans, village de la Haute Maurienne en Savoie.

mort qui est revenu, celui qui est revenu a ses yeux comme celui qui vivait. Et vous savez bien que quand un homme est mort on lui arrache les yeux. » Il n'y avait rien d'horrible dans cet « arrachage », seulement une coutume qui dans le contexte était fondée sur un raisonnement de ce type à peu près : il faut bien enlever les yeux aux morts pour empêcher qu'ils pourrissent (et donc pour conserver le cadavre). Ce rêve finit là dans mon impuissance à répondre et j'avais le sentiment que par là Béchard allait mourir une seconde fois. Je vois mal le sens de ce rêve. J'avais bien connu et aimé Béchard qu'on appelait Bit'ch à l'anglaise en 40 à Issoire, où nous étions canonniers de seconde classe et faisions notre école du cheval et d'artillerie ensemble. Ce grand garçon sportif et fort, très réservé sur sa vie privée, s'était ouvert à moi avec une franchise touchante. Il s'était fiancé en 40 avec une jeune fille de 26-27 ans qu'il adorait, et il ne cessait de parler d'elle avec une ironie qui voulait cacher son attachement. Il a échappé à la guerre, replié à Fontainebleau (en 1940), s'est marié, a été vivre au Maroc où il est mort. La double mort (la sienne et celle de sa femme) si dramatique m'avait très touché, mais voilà longtemps déjà (45, retour d'Allemagne). Je l'aimais bien.

[...]

- V -

1949-1950

La femme qui résiste

[L'ensemble de ces rêves est inséré plié dans une chemise cartonnée bleue, de format 24,7 x 31,4 cm, pliée en deux avec la mention manuscrite à l'encre noire « Rêves » et en bas à droite la mention manuscrite au crayon à papier « personnel ».]

[Manuscrit sur papier à lettres bleu de format 21 × 27 cm, écrit à l'encre noire.]

5 mai 49

— sur une route bordée à droite d'un talus et plus loin un mur. Je marche et suis une femme dans une demi-obscurité : il faut que je l'aborde et que de gré ou de force je fasse l'amour avec elle – sorte d'épreuve sur moi mêlée au désir qui m'habite et auquel je décide de donner *cet objet* : je pourrai faire l'amour avec n'importe qui.

Je l'aborde, parle un peu, et vois tout de suite que, toute provocante qu'elle soit, cette femme est *ferme* de chair et d'âme et ne me cède pas : elle résiste, son visage sombre coupé de lèvres rouges dans l'ombre ; courte lutte à laquelle elle s'oppose à demi dans le silence – je la couche sur le talus et commence à la caresser : elle est bien *ferme* et se laisse faire avec une sorte de dureté comme si toute sa résistance et son refus plus qu'à son âme étaient attachés à la chair de son corps.

Ici une coupure – et je me retrouve nu auprès d'elle à Laroche, sur un lit adossé au mur de la pièce du jardin : la place des pièces contiguës est inversée : à travers la vitre, dans le repos – elle est silencieuse, à demi dans les draps, moi, tout à l'air, allongé contre le traversin, le haut du corps pesant sur le coude – je vois soudain ma grand-mère et mon père qui me regardent : ils ont tiré le rideau – mon père est en retrait, la main sur l'épaule de ma grand-mère. La désolation silencieuse du visage de grand-mère, une désolation sans fond qui allonge ses traits et ce regard muet contre lequel je me durcis : il y a en lui du reproche et la douleur de la résignation ; c'est Louis, on ne peut rien lui dire, ce qu'il fait est bien puisqu'il le fait, mais de quel prix faut-il payer ce silence : tout ce qui est derrière ce visage est mort désormais pour elle, et elle le sait – et pourvu, mon dieu, qu'au moins cette fille soit digne de l'attente, le malheur serait moins grand si du moins il était heureux – mon père, sourire sceptique et entendu : on sait ce que c'est, ça leur arrive à tous, les femmes le découvrent quand même, nous on savait bien que c'était le fin mot, ça pouvait ne pas arriver, mais c'est venu, les femmes le voient, ça ne leur fait pas de bien, une illusion qu'elles perdent, les femmes vivent tellement d'illusions – sourire supérieur à l'endroit de ma grand-mère et un peu complice bien qu'amer à mon adresse.

Ma grand-mère alors s'en va, et toujours silencieuse, désarmée, *déménage* : elle quitte la chambre qu'elle occupait depuis toujours, contiguë à celle où je suis avec cette femme et va s'installer dans la chambre du fond, de l'autre côté – mon père disparaît.

Je reste avec la femme ; toujours fermée et dure. Je la caresse et veux la pénétrer. Que son corps est dur, des muscles de bois, d'une volonté obstinée. Je veux la pénétrer. Elle me reprend sans douceur : ce n'est pas comme ça qu'on fait : elle se couche toute allongée, fermée et roule mon membre entre ses mains, et veut le « visser » en elle – ça n'ira pas, je dis, et je pense aux habitudes acquises de l'amour, je ne pourrai pas agir à l'accoutumée – elle ne cède pas et me contraint à faire à sa tête.

— une coupure : je suis sous les draps, sous elle, et mon membre en elle, ses fesses sur mon ventre – alors sans transition et pourtant comme une chose naturelle ce n'est plus elle qui est sur moi, mais un jeune homme, son frère (ou son amant) plus jeune, elle est à côté, je ne la vois plus mais je sens sa présence. Là-dessus *ma mère* vient : elle s'arrête à la porte : ce long visage de souffrance silencieuse et le reproche de tout le corps désolé. Je me dis : après tout si ma mère approche, je me soulèverai sur le lit, mon membre se retirera, *elle ne le verra pas*, c'est toujours cela de caché (ou de gagné). Elle demeure un instant et s'éloigne, accablée de tristesse et de silence. A partir de ce moment le fond de la scène est empli de ces visages de femmes qui de temps à autre viennent voir, dans un silence consterné, et repartent : jusqu'à ma tante, toute pâle, un bras brisé en écharpe, elle passe à côté de moi sans un mot et sans un regard, traînant à sa suite deux ou trois petits enfants.

— Coupure : je suis levé, habillé : il y a la femme et le garçon : nous sommes dans la salle à manger près de la porte de la rue. Nous allons sortir, tout le monde nous verra, après tout ça ne sera pas plus grave que le début : elles ont supporté le mal de me voir avec cette femme, elles supporteront bien que tout le monde dans le pays me voie. La femme toujours aussi dure, tacite, obstinée, comme si elle portait une vérité qu'elle me réservait pour me payer de mon entreprise. Elle éclate de rire, enfin délivrée, mais d'un rire méchant, d'un rire de revanche sans fin (pendant ce temps comme nous étions sur le seuil, on lavait les carreaux de la salle à manger, comme pour laver la demeure de ce qu'elle avait abrité) : *« j'ai la diagonale ! »* et elle continue de rire, le garçon se promène, une espèce de terreur fond sur moi, la diagonale mot d'argot de la légion (dans le rêve) pour la vérole, sa revanche enfin, je l'avais forcée malgré elle, la voilà cette dureté délivrée qui me frappe au visage ! J'essaie de dominer ma peur : après tout je ne l'ai peut-être pas prise – et ça se soigne, je vois d'un coup l'avenir comme une résolution de soins et malgré la crainte et sur un fond de regret et de certitude : avec... du moins je ne l'aurais pas prise... terreur, mais résolution de ne pas lui céder.

— Coupure : je la retrouve quelque temps après sur la route derrière la maison. Elle a rajeuni, béret, sorte de jeune fille – le thème de la « diagonale » entre nous, sans qu'il soit besoin d'en parler. Elle en reparle. J'affecte et joue au fort : pas d'importance, une chose de rien du tout. Je prends sur moi de la dominer en dominant mon inquiétude. – Et la voilà qui me raconte qu'elle l'a eue jadis, qu'on l'a soignée et guérie, qu'elle a craint un retour ces derniers temps, qu'on lui a fait une épreuve, qu'elle a demandé au médecin si c'était grave, il lui a dit j'ai le résultat mais ne vous le donne pas, ce n'est rien : une sérieuse chance que ce ne soit rien, dit-elle – une sérieuse chance que ce ne soit rien, je pense à part, moi, et j'ai tout à coup raison d'avoir dompté ma peur : je n'ai pas cédé.

[Manuscrit sur papier à lettres bleu de format 21 × 27 cm, écrit à l'encre noire.]

10 mai 49

Premier rêve :

avec des amis autour d'une table en plein air dans un pays étranger. Puis sommes sur un stade et regardons – toujours assis à table en mangeant – des sportifs prendre le départ des courses de vitesse. Ils se multiplient et soudain tout le stade est envahi, ils nous prennent, nous assiègent à table : une amie à ma gauche s'en va : les sportifs sont devenus des *noirs*, l'un d'eux veut s'emparer de notre nourriture : je prends toutes les assiettes sur la mienne et les « couvre » – il s'ensuit une longue lutte, une longue guerre dans ce pays étranger où j'ai affaire à des *ennemis* que je combats assisté d'*amis* : le dernier acte en est une sorte de combat singulier que j'impose – moi-même un peu étonné de la facilité avec laquelle il est accepté – à des ennemis pourtant [plus] nombreux, et l'affaire tourne à mon avantage.

Deuxième rêve :

rêve de vacances dans la neige, je glisse sur mes souliers avec une aisance déconcertante et si vite que sur une paroi, je puis, un moment, la vitesse aidant, me tenir horizontal. Je montre à Cler[1] comment je fais – on rentre et je rencontre la sœur de Cler, sorte de fille assez jeune, petite, enrhumée : sur elle pèse une question lourde : a-t-elle réellement attrapé la vérole, et comment a-t-elle bien pu faire ? – soulagement : elle dit avoir vu le médecin et elle n'a rien – je sors avec elle machinalement, et nous nous dirigeons vers la plage.

— Du monde sur la plage – un endroit libre où nous nous asseyons – parlons un peu. Au bout d'un moment je commence à l'embrasser et à la caresser – seins fermes sous la robe, fille petite et l'idée suivante m'envahit : *je vais avoir juste le temps de pratiquer le conseil de M. et de faire l'amour avec une autre fille puisque l'occasion s'offre* – nous nous roulons sur le sable, les yeux fermés, sachant pourtant qu'il y a du monde ; je propose qu'on aille dans une chambre ça vaudra mieux. Nous ouvrons les yeux : il y a des gens autour de nous ils nous regardent sans étonnement, ces jeunes gens on voyait qu'ils avaient besoin de ça – un peu complices, compréhensifs en tout cas, mais alertés et voulant nous faire signe car *nous avons réveillé le vaudou* (?) et de fait nous voyons sur un *être de pierre*, plus grand qu'[un] homme, tête humaine, chauve, corps humain, des ailes rigides en place de bras, nu, sexe de pierre, tête creuse et comme faite d'un

1. Footballeur de l'équipe de Cannes avant la guerre dont Althusser parle dans *Les Faits* (in *L'avenir dure longtemps*) et dans son *Journal de captivité*.

tuyau de poêle – qui *s'avance vers nous* « Vous l'avez excité » dit-on, attention ! De fait nos embrassements paraissent l'avoir mis en un dangereux état : son sexe de pierre tendu, il avance. D'abord il ne regarde que ma compagne : on me dit, il faut le frapper à la tête ! Je m'arrange pour la faire fuir et avoir seul affaire à cet être, je le frappe sur la tête, elle est creuse et ne cède pas, je frappe...

— coupure : je rentre « chez moi » ou plutôt « à la maison » avec la fille : la famille m'attend (au moins ma grand-mère et une amie de ma mère) : on nous sert le thé à table, côte à côte et nous sommes *des gens qui allons nous marier,* la fille et moi, et on nous dit quelle heureuse rencontre, on nous attendait – et on laisse entendre que nous avons bien fait de nous caresser, ce *qui est tout à fait normal puisque nous devions nous marier.* Je rentre dans le jeu et fais un éloge du « toucher » que j'attribue à Valéry, le sens le plus humain de l'homme (sens érotique) – réveil.

[Manuscrit sur feuillet découpé de format 15,5 × 20,6 cm, écrit à l'encre turquoise.]

8-9 avril 50 (à [la] Saint-Christophe)

Schéma de rêve

Je rentre du ski (vacances) – à Paris, à l'Ecole. H. travaille à l'autre bout de Paris : le thème sous-entendu de tout le rêve : la prévenir de mon retour. Or voici que je rencontre Etard[1] qui me dit : j'ai dû faire déménager Hanck[2] et l'installer chez vous. Il a besoin de deux pièces. Catastrophe : comment ferai-je pour y faire venir H. ? Dans la suite il ne me reste plus qu'une pièce sur deux, or pour qu'elle vienne il faut deux pièces – et même avec une pièce, les autres là... Plein d'embarras je rentre chez moi et tâche de m'installer avec toujours à l'esprit l'idée qu'il faudrait que je prévienne H., mais comment faire pour la loger ? Ici détails d'occupation que j'oublie et ma sœur se trouve dans ma chambre, on parle et au bout d'un certain temps je me couche

1. Elève de la promotion 1905 puis bibliothécaire de l'ENS de 1926 à 1950.

2. Personnage non identifié, probablement un membre du personnel de l'Ecole qui y était logé.

près d'elle, puis, pourquoi pas ? je la caresse, etc... (impression *molle*) et dans l'idée après tout où j'en suis ça n'a plus tellement d'importance, forme accidentelle pour une fois – ses seins mous – orgasme. Je me relève et toujours le même thème : prévenir H., mais comment la loger ? Là-dessus, je fais le tour de ma chambre et je découvre toute une série de provisions, étagées sur le haut de l'armoire, une vraie masse de choses différentes, comme étiquetées : c'est H. qui les a achetées pour moi et elle – ce qui me fait encore plus vivement revenir sur le problème : elle a fait ça pour moi et comment faire pour la prévenir ? Dans tout ce rêve le temps passe tout seul, mais sans angoisse, la prévenir, problème technique sans angoisse. Il faut quand même faire quelque chose. Je sors et rencontre Etard avec un homme. Je discute avec eux de cette affaire de déménagement de Hanck (mais j'ai oublié la conclusion de l'affaire – je crois pourtant que je résistais à leur projet). Je rentre à nouveau dans la chambre du fond. Il est tard dans la nuit et toujours le même problème : j'aurais quand même pu la prévenir dès mon retour. Là-dessus, la porte s'ouvre : le visage d'H. tout rouge et lourd d'inquiétude, presque hagard comme la dernière fois, et plein de reproche. Elle ne dit rien mais son visage parle : pourquoi ne m'avoir pas prévenue ? L'inquiétude profonde. En un éclair : c'est vrai j'aurais dû la prévenir mais comment lui expliquer ce retard. Voilà, le mal est fait, pas d'excuses – c'est la catastrophe – mais une catastrophe presque bénigne, pas dramatique pour moi, malgré la souffrance du visage – je me réveille.

— du 12 au 17 rêves de morts
d'abord Touki[1], et JP Vernant[2], } larmes
puis Staline
puis moi, veines ouvertes des bras, on m'y force après discussion avec BR[3] : je l'engueule en lui disant qu'il n'a rien fait pour comprendre le mouvement ouvrier et qu'il le paiera.

1. Jean-Toussaint Desanti, dit Touki (1914-2002), normalien (promotion 1935), philosophe, auteur de nombreux travaux d'épistémologie mathématique et alors membre du Parti communiste.

2. Jean-Pierre Vernant (1914-2007), historien, Résistant, communiste.

3. Personnage non identifié.

*[Manuscrit sur feuillet de format 13,5 × 21 cm,
à en-tête de l'ENS / Le Secrétaire,
écrit à l'encre noire.]*

— un rêve : suis avec famille dans appartement en haut vaste escalier. J'y couche et le matin je me lève tôt et sors, pour mon compte, pour moi. Dans le rêve, je sors deux fois et à la seconde je [rencontre] mon père [qui] se lève à peine. Il me demande où j'ai été, je lui réponds en lui donnant du pain pour son petit déjeuner, pain que j'ai rapporté. L'explication doit suffire. Ma mère, toujours dans les parages, je lui dis qu'il faudra faire changer mon adresse (à la poste, au CCP ?) avec l'ancienne, ou avec celle de la personne dont j'ai pris la place. Je suis dans l'escalier que je remonte et je calcule. C'est la guerre, il va falloir que je me débrouille pour gagner de l'argent, ravitailler – en faisant de la représentation ?

— (suis sur route : deux chemins s'offrent pour descendre, je prends le moins raide ? – et en bas au croisement, tout en me gardant des autos, je prends l'autre pour remonter) en cours de route un homme me fait une démonstration géométrique pour m'expliquer que tous les corps n'ont pas le même centre (?) qu'il y a deux types de corps très [différents]. Dessin avec des cercles, sur lesquels se fait la démonstration, cet homme est (devient, se révèle) mon père. Il continue la démonstration en sectionnant, repliant les lignes : pour faire comme une pièce montée de sa figure qui devient pièce montée de légumes, chou à la base avec garniture découpée dessus – pourquoi tout cela ? sinon pour préparer cette figure à être mangée ? Je le dis à mon père en ajoutant qu'il y faudrait ajouter de l'oignon (?) pour que ce soit meilleur – refus net de mon père de tenir cet objet pour mangeable à partir du moment où je propose cet ajout.

— Rêve [de l']habitation pauvre où je loge – une femme vient, me parle, je pose [une] question sur l'appartenance syndicale des gens (je veux me renseigner sur les gens) elle me répond : à la CGT : ce sont des radicaux, elle va s'en aller – je sens le [côté] critique de l'instant, je pourrais [la] retenir et je vais [la] laisser partir, comme toujours occasion ratée par ma faute – je [la] rappelle et pour me justifier, lui parle de ces logements, et frappe pour demander renseignement à la « porte du boulanger » (porte de chambre) alors que je sais que le boulanger est parti dès la veille – or il y a du monde dans cette chambre.

— Rêve du repas avec H. – Le soir tombe. On ne sait pas où manger, je l'emmène dans la cour de la caserne, au moins on sera tranquilles (?) on s'installe sur [une] table [en] plein air – presque nuit – dans la cour – Ne va-t-on pas être chassés ? Derrière [la] vitre un homme nous regarde. Je le connais, c'est Kraverg[1], barbu, il nous fait signe avec la main, on peut continuer (il a des enfants).

1. Personnage non identifié.

- VI -

1956

Un bruit de sabots dans la gorge

[Dossier inséré dans une feuille pliée en deux de format 21 x 27 cm avec la mention manuscrite « Rêves 1953-55 ». On notera cependant que les seuls rêves datés sont de 1956. Les autres rêves ne sont pas datés, mais ils ont été classés par Louis Althusser dans ce dossier.]

[Manuscrit sur feuillet de format 21 × 27 cm, plié en deux, écrit à l'encre bleue.]

19.3.56

— tennis. Je suis avec ma mère sur court de tennis où nous sommes venus de temps en temps en resquillant. C'est l'hiver : tous les courts sont détrempés par le dégel sauf un ou deux. Il n'y a qu'un court central en état – mais les « champions » s'apprêtent à y jouer. Je reconnais parmi eux un joueur avec qui j'ai déjà joué, que j'ai dû battre et qui s'est insinué dans le groupe ; après tout je pense bien essayer moi aussi de jouer avec eux ? Je vais donc le voir, lui, que je connais, pour lui dire qu'*en attendant* je vais jouer avec ma mère sur un court latéral (en attendant de jouer avec eux sur le central !) façon d'obtenir *double permission* (jouer court latéral – alors que nous sommes clandestins ! et jouer ensuite avec eux – seul *sans ma mère* que je laisse tomber, je la laisserais tomber pour jouer avec eux !) d'accord puis échange sur [le] thème : où cassez-vous votre raquette ? : lui, le *manche*, rupture. Moi, non, *le bout*. Nous partons avec ma mère : tous les courts sont détrempés, l'un d'eux a même au fond une vraie *floraison* de boue, rouge, bleue, tiges [de] champignons ou terre glaise découpée : impossible [de] jouer. Nous revenons et nous disons = un auxiliaire me dit qu'il suffisait de balayer un court. *Non* – à côté du court central deux courts pas trop abîmés où on peut jouer chacun de son côté.

— dans le cadre d'une première expédition à la campagne où ma mère a tout organisé (cantine, etc...) pour des jeunes élèves, première fournée ? – retour en train je suis couché à côté de Denise[1] et *sur moi* une fille (par terre ?) ; *se débarrasser de la fille* (grossier mais la fille abusait) pour se rapprocher de Denise qui me dit que mes cheveux *sentent mauvais* et ma bouche aussi. Je descendrai pour aller, dans atmosphère allemande, la nuit chez [le] coiffeur pour me faire couper [les] cheveux, raser, laver, *malgré le prix*.

— dans piscine d'Alger – il faisait du soleil ; je suis entré, plusieurs bassins, filles se baignant, se séchant ; je les regarde – eau froide ? non, elle est chaude. Je ne me suis pas baigné, je ressors et me demande si je ne pourrais pas rentrer une nouvelle fois avec mon billet (sinon entré pour rien !) Je vois mon billet : il y a plusieurs casiers → plusieurs entrées. Avant de sortir, orchestre de jazz : chaque fois que

1. Très vraisemblablement Denise Plassard, qui épousa le docteur Pierre Etienne, médecin affecté à l'ENS. Le couple était très lié à Althusser qui aurait dû être leur témoin de mariage en Sarre en 1948. Voir Yann Moulier Boutang, *Louis Althusser, une biographie*, Livre de poche, 2002, tome 2, p. 281.

la trompette attaque le chef saisit son instrument et le pousse dans le rythme (?) (prend la trompette avec la main et marque le rythme comme pour faire sortir le son).

[Manuscrit sur feuillet de format 21 × 27 cm, plié en deux, écrit à l'encre bleue.]

20.3.56

Le grand match de rugby et la resquille. Dans un restaurant avant le match en face couple paysans (?) âgés : je lis leur journal, *Combat* ; je ne prends pas le temps de manger. Rush en moto, auto, affluence de véhicules considérable. Course vers le stade. Beaucoup de monde. Mais il doit y avoir de la place. Les spectateurs, en attendant le match, regardent des matchs de tennis. On m'appelle pour remplacer un joueur. Je fais obstinément la sourde oreille et fonce sur les gradins, je trouve Serre[1], en aveugle avec bâton (fait semblant ?), il me dit : les normaliens essaient de prendre d'assaut telle tribune, où il y a de la place. Je parcours les couloirs – sans contrôle, me dis que facile d'entrer sans billet – des couloirs sont barrés par [des] cloisons [en] bois provisoires pour interdire accès à tribunes interdites. Je suis avec un homme – dans un couloir un homme qui paraît contrôleur, devant cloison d'obturation : il se révèle tout à coup,

1. Jean-Pierre Serre, mathématicien, normalien promotion 1945.

lui aussi, un resquilleur – et nous montre [comment] faire sauter [la] cloison : porte comme chatière, grillage, passons dessous, une fois passé je prends le [un mot illisible] autre cloison que je me hâte de franchir, audace hâtive, c'est en prenant le plus de risques qu'on a des chances (aller plus vite que le risque) ; je poursuis et saute dans une classe qui est près d'un jardin, classe vieillotte, vieux professeur, enfant parents (?), fauteuils et tables, sorte [de] parloir – puis dans le jardin où je saute, bondis pour échapper [aux] regards et m'aplatis dans massifs, à plat *dessus* – on m'a vu et me cherche. Recherche dirigée par la mère-sœur supérieure (religieuse), elle cherche « le secrétaire chargé de la liste des élèves » (?). *Elle ne me voit pas* alors que je suis visible. Plusieurs sœurs, de couleurs différentes (rouge, verte, etc...) m'ont vu. Mais *elles ne me dénoncent pas* parce que non d'accord avec les arguments de la mère supérieure (divorce ? mariage ? ce que j'ai à faire ?).

Ensuite avec Prigent[1], des chemins de campagne, beau temps doux. Nous croisons un homme, que nous hésitons à reconnaître (je croyais que c'était un autre ?). C'est F[rançois]-Poncet[2] plongé dans rêverie de vieillard fixe. Prigent lui parle : je le salue militairement : « mon général », avec réserve mentale et me hâte de partir sous prétexte d'Ecole en laissant P[rigent] et lui en tête à tête.

1. Jean Prigent (1944-2009), secrétaire général de l'ENS de 1946 à 1964. Il a assuré avec Althusser la permanence durant les grandes vacances. Surnommé affectueusement par Althusser « la Prige ».

2. Vraisemblablement André François-Poncet, normalien promotion 1907, homme politique et diplomate français.

[Manuscrit sur feuillet 21 × 27 cm,
coupé en deux, écrit au crayon à papier.]

Dans hôtel épisodes qui s'entrecroisent :

— thème des services abusifs rendus à une servante et aux deux femmes qui dirigent l'hôtel (la servante : on commence par lui donner conseil et aide pour ses études ? et plus moyen de s'en débarrasser), les vieilles propriétaires s'installeront dans le salon et voudront que je reçoive [les] clients à cause du manque de confort. Je pisse dans des tasses par protestation et on nous servira du thé au lait sans s'étonner du fond d'urine dans lequel baignent les tasses ! J'attends et il tombera une goutte dans le lait qui caillera – Je le fais remplacer sans commentaires (sanction) – pendant ce temps je fais l'amour avec G[eorgette] ou Cl[aire] (?) et quelqu'un (une femme ? ou bien [un] couple, Pierre-Lucienne[1] ?) vient demander rendez-vous pour discuter. Couché, je réponds quelque chose comme pas possible, malade (?), occupé – ils s'en vont et nous nous remettons à l'amour (par-derrière) ; en passant ils soulèvent [le] rideau et nous voient – ça ne fait rien.

— Episode du son jeté pour mon père (épreuve de lancer, très loin !).

1. Lucienne Althusser (1899-1985), tante maternelle de Louis et Pierre Berger (1856-1934), son grand-père maternel.

[Manuscrit sur feuillet de format 21 × 27 cm, plié en deux, écrit à l'encre bleue.]

Théâtre de l'Ecole, participation du meneur de jeu – groupe de [un mot illisible] et Denise est à l'avant-scène. Présenté, il lui prend le menton, la connaît. Finalement beaucoup de clients en salle – jeu sera joué par tout petits enfants, sorte d'entrées et sorties. Course devant phares d'auto que les enfants doivent éviter, sorte de chapeaux, bateau [en] papier sur la tête – *et finalement* procession des gosses qui ont sens symbolique, funèbre ? – finalement bataille, garçons à gauche, filles à droite, faire semblant de se battre avec épées. Les filles y parviennent à peu près. Les garçons, non : figés, se regardent en ne sachant que faire et dire – empruntés, n'arrivent pas à faire croire à leur lutte ! Raté. Dirigés par un jeune gars un peu plus âgé, le visage mystique – Foutu – or tout va être sauvé parce que pas fini : le garçon va aller voir « *Popov* » et lui dire que ce rôle est perdu et comment faire pour le sauver ? Et là il *joue très bien* en prononçant les vers : « en voulant tout sauver ils ont failli tout perdre » : *il y met vraie passion et cœur,* pièce sauvée !

Avant ce rêve plusieurs épisodes, parlons avec St[évenin] de qui ? Feuerbach, Freud ? Alors que sujet me paraissait peu intéressant et révèle que la mort de cet homme n'a pas été *naturelle* et facile : en particulier le « jubelistor[1] » qu'il a avalé n'a pas attaqué son cancer (?) et l'estomac, ne l'a pas fait éclater...

— achète journaux dans magasin horrible près carrefour Madeleine-Sébastopol [*sic*], journaux de sport : on voit nageuse célèbre, championnat reporté, photographiée slip seins nus (comme si elle n'en avait pas). Je finis par trouver photos d'en dessous où on *les voit très bien,* cherche d'autres journaux [un mot illisible] – pour cela je reste longtemps dans magasin – patron rentre, [fait] semblant d'activité, augmenter quoi ? [deux mots illisibles] Je repars en voiture.

— à l'Ecole dans atmosphère déménagement qui se prépare et nouvelles instructions, on reçoit lettre [de] félicitation [du] ministre – beaucoup de compliments, en réalité destinés à demander si on ne pourrait pas garder à l'Ecole plus longtemps des élèves qui font *de l'agriculture* : deux ans de plus. Je démontre que pas possible, ça ferait six ans contre loyer pour cela ? [mots illisibles] Il faudra que je déménage et je ne sais où j'irai. Des élèves ou chercheurs le savent et ont déjà commandé qu'on leur apporte à manger dans leur nouveau local – moi pas – quitter l'Ecole ?

1. Vraisemblablement, d'après Yann Moulier Boutang, un mot-valise combinant « jubilation », « jubilé », et un nom de médicament antidépresseur, par exemple l'Effexor.

[Extrait d'une lettre manuscrite à Claire datée du 16 juin 1956.]

[...] Rêvé de toi longuement cette nuit. J'étais avec ma sœur et lui parlais de toi : je lui dis : elle n'est pas loin, elle est passée tout à l'heure à côté de nous ; tiens la revoilà ! Là-dessus ma sœur se met à m'engueuler : pourquoi ne l'embrasses-tu pas ? – Et moi qui en mourais d'envie et n'attendais que ce mot je te prends dans mes bras et couvre ton visage de baisers et nous marchons côte à côte descendant la même rue enlacés et je t'embrasse et t'embrasse, pénétré d'une douceur et d'une tendresse infinies... douceur et tendresse que j'ai portées en moi bien une heure après le réveil comme si je venais de te quitter ! Quel gosse je fais !! [...]

[D'après une dactylographie de Louis Althusser recopiée d'une lettre manuscrite adressée à Claire, de format 13,5 × 21 cm, à l'encre bleue.]

4.XII.56

Ma chérie, je ne t'ai pas écrit depuis une semaine parce que je me débats dans une bien étrange aventure. Figure-toi que j'ai fait une sorte de cauchemar qui me poursuit la nuit, et que j'essaie de combattre le jour… Il vaut peut-être mieux que je te le conte pour m'en délivrer !

....

J'ai rêvé que tu venais me voir. Quelle joie ! Un ciel peuplé d'oiseaux heureux. Le petit bruit du cœur qui tout à coup se met en train, dans le grand silence intérieur, et j'en perçois la rumeur dans tout le corps. Tu viens. C'est bien toi. Belle ! Le casque tendre de ta chevelure, tes yeux d'automne, leur feu sombre. Ta voix d'eau libre et sourde. Tu es là. Je marche près de toi dans la rue. Les maisons s'écartent et tombent à genoux. Les gens nous sourient. Les arbres s'effacent dans l'horizon. Une mer immense et sans ride nous porte, et nos corps sont légers comme des nageurs heureux. Un peu de sable pour le repos. Tu t'étends. Je vais m'allonger près de toi et prendre entre mes mains ciel, terre et mer, mes éléments unis dans un visage.

....

Le lendemain tu m'offres des couteaux. A bouts bien ronds pour ne pas blesser le cœur, et pour faire mentir le proverbe. Les arbres pointent leurs épées contre le ciel. Les nuages fuient. Le silence est coupant de froid. Ton corps est une chaude laine brune. Je me tais.

....

Tu es partie. Un quai trop gris. Un train trop noir. Vers un nord lourd de suie, de raisons cachées et de gel. Vient la nuit. Pour un homme qui erre, il est dans la ville mille rues. Mais une seule voie pour la souffrance. Et quelque part dans l'espace, entre les champs infinis de la terre et du ciel, un jeune poulain qui rue, qui court, qui fuit, revient d'un trait, et disparaît au fond de l'horizon. Seul. Je me retourne et je vois : un homme couleur de terre, debout, qui regardait, les yeux grands ouverts.

....

La scène change. Tu es là. Vrai, tu es là. Le temps de t'embrasser, de te dire à la hâte en la langue étrangère comme votre corps est émouvant, et d'entendre que tu t'en fiches éperdument. Que tu es prise. Que tu t'en vas. Que je vienne à une heure. Bonjour. Le temps des

Invalides. Toujours des vitamines crues. Jamais d'autres ! Petits échanges sur le quai. Une orchidée. Non ? Un brin de Malraux. Qu'on aime jamais en quelqu'un que ce qu'on change en lui. Oui. Et ton visage est là derrière la vitre. Je le dessine : un peu de verre, rien qu'un peu de verre entre mes doigts et lui, un peu de verre.

....

Quand je suis sorti du rêve, il n'y avait plus rien. Rien qu'un bruit de sabots dans la gorge. Rien qu'une main qui dessinait sans fin dans l'air comme un contour...

....

Brrr ! Cette fois je m'ébroue ! A te le conter, voilà que je m'y laisserais presque prendre. Mais le jour est là. Et Paris couvert de pluies et de tempêtes. Et le vent qui la nuit secoue les arbres du sommeil. Et les maisons assises qui attendent. Et les passants qui vont sans regarder. Et mon bureau enfumé de tabac. Et cette plume. Et cette feuille que tu tiendras entre tes doigts. Et toi mon énigme et merveille si loin penchée sur tes travaux, si sage en ton bureau suspendu dans le ciel – et ce grand chêne nu couleur de terre tout près de toi qui te regarde les yeux ouverts.

Claire ! CLAIRE !

P[ierre]

- VII -

1957

La cage aux oiseaux

[Lettre dactylographiée à Claire sur feuillet de format 21 × 27 cm, datée du 2 mars 1957. On a conservé la mise en pages de l'auteur]

samedi matin 10 h 30

rêve de cette nuit.
tu es debout, toute nue
dans une main une feuille de papier blanc
mince comme une lame
dans l'autre main une pomme grise
tu regardes devant toi sans un mot
tes oiseaux pleins de cris et d'effrois
inlassables se jeter contre les grilles de leur cage
je suis de l'autre côté de la cage
je te regarde
entre toi et moi ces cris ces peurs d'oiseaux pris au piège
je t'appelle Claire viens
tu avances lentement
tu traverses la cage tes seins
passent à travers les oiseaux comme à travers l'ombre des feuilles
tu avances vers moi
un silence s'étend comme une mer immense
derrière toi les oiseaux se sont tus

Des rêves d'angoisse sans fin

je les vois l'œil rond sur leur perchoir
qui nous regardent
paisibles
je dis Claire tes oiseaux
tu me souris de tout ton corps

P[ierre]

- VIII -

1958

Le goût du rêve

[Extrait d'une lettre dactylographiée à Claire sur 3 feuillets 13,5 × 21 cm.]

lundi 7 juillet 58, 15 heures

ma chérie

j'ai rêvé de toi toute une partie de la nuit.

Difficile de retrouver les thèmes. Un long brouillard à percer. Impossible de m'en dégager. Tu étais dans une maison qui était la mienne, mais pas dans la même pièce que moi. J'y passais seulement : entre deux occupations très absorbantes. Mais je savais que tu étais là. Je savais que tu m'attendais. Tout le rêve était sur cette certitude. Et ses détails, que j'ai perdus, étaient la preuve multipliée de cette certitude.

Mais ce qui m'est resté est le goût de ce rêve. Goût de fruit, goût de nuit chaude, goût d'été les yeux fermés. Le goût de cette confiance. Comme deux corps se cherchant dans la nuit, sûrs d'être proches, d'être là. L'infinie sensualité du demi-sommeil. Une confiance ayant le goût même de ton corps [...].

- IX -

1962

Le resquilleur

[Dossier comprenant des rêves retrouvés dans un paquet de lettres adressées à Claire.]

[Dactylographie sur feuillet de format 21 × 27 cm, coupé en deux.]

8.2.62

petit train que je prends (wagons à banquettes comme tramway). Gare de départ. On met en vente la betterave rouge, comme petit déjeuner. Une seule. Comme aux enchères. Un voyageur riche l'achètera. Moi, malin, je trouve une solution : sur un étal de la gare, il y a une betterave blanche épluchée, je l'achèterai avec un radis long (à moitié mangé, mou) et une casquette (je « resquille » la casquette entre la betterave et le radis, après je l'aurai sur la tête, elle me va à merveille, en tissu d'aspect gaufre). Combien ? Je donne, avant d'avoir la réponse, une pièce de 100 frs. La marchande (qui bavardait à l'écart de son étal) me rend plus de 100 frs... (je craignais d'avoir donné trop peu, et donnais seulement 100 frs pour « conjurer » le prix, pour qu'il ne soit pas trop élevé)... Bon. Dans le train, choisir une place pour manger, une banquette avec table en face........ puis se posera un grave problème : l'enregistrement de ma malle. Je l'ai apportée précédemment à une gare plus éloignée, qui est sur le trajet du train que j'ai pris. Je chercherai (dans un moment) le nom de cette gare : Millay ? Autun ? Mais je n'ai pu alors l'enregistrer puisque je suis maintenant dans le train. Je raisonne : j'ai d'abord cru qu'elle était dans un autre wagon, plus en avant dans le train, un wagon plus confortable, le wagon du train définitif, incorporé dans ce petit train matinal-local. J'ai alors pensé qu'il suffisait que je rejoigne ce wagon, en remontant le train, pour la retrouver. Mais je m'aperçois que ce n'est pas possible, que la malle ne peut se trouver dans le train, que je n'ai pu l'enregistrer, puisqu'elle est à une gare *où je vais arriver*, et comment faire pour l'enregistrer ? La faire mettre dans le train ? Je n'aurai pas le temps... Je descends sur le quai à la prochaine petite gare et je m'adresse à un employé (lequel est le bon ?) et lui demande s'il n'y aurait pas moyen de téléphoner à cette gare-là pour dire que je suis dans le train et qu'on veuille bien enregistrer ma malle et la mettre dans le train. Mais alors je n'arriverai plus à me rappeler quelle est cette gare, j'ai beau chercher sur la carte (Morvan[1] : carte du Morvan que me montre l'employé ; *je ne reconnais pas* le dessin du pays – les lignes de train... elle est en couleurs vives avec des points très accentués) et dans ma mémoire (Millay, Autun ?) je *n'arriverai pas* à me rappeler le nom de la gare.

1. Ce qui suit est un ajout manuscrit au stylo à bille noir.

[Manuscrit sur papier à lettres de format 21 × 27 cm, coupé en deux, écrit au stylo à bille noir.]

— mon père rapporte avec lui (venant d'un train) trois chiens, inattendus. Les a payés (une question que je lui pose) 50 000 frs mais il paraît considérer que ça valait le prix et qu'il n'a pas regardé à la dépense. Sur les trois au moins un ou deux sont dressés pour la chasse = il suffit d'esquisser la mimique de la chasse pour que l'un d'entre eux la prolonge et l'exécute, sorte de danse, le nez fouinant, les esquives du corps, l'arrêt, etc... moi j'ai un peu peur que les chiens ne fichent le camp, il faudrait fermer [les] portes... car ils ne nous connaissent pas encore...

— dans cour (qui veut être celle de l'Ecole ?) une femme (agent) sous un prétexte de discipline (nourriture ? pas assez abondante) se mettra à *battre* des élèves, et tout le monde laisse faire – moi (qui pourtant sors de maladie), je vais me rendre compte de la situation, il faut faire quelque chose, et cela m'incombe – alors je vais me mettre à crier plus fort qu'elle, à la battre, à la refouler – et j'irai en grande colère chercher l'intendant (dont elle dépend) pour lui signaler cette conduite inadmissible...

— dans le service restaurant de l'Ecole ? ou dans un restaurant, une femme de service me parlera d'H., avec qui je suis, en me disant : l'an dernier elle est venue, et ça a été toujours la même chose : comportement impossible, elle voulait toujours exiger jusqu'au dernier morceau de son droit, elle exigeait toujours tout ce à quoi elle avait droit sans passer sur rien, sans laisser de marge, etc... ma situation, délicate : je suis avec H. et d'autre part cette femme, agent de l'Ecole me connaît, je la connais, elle me fait cette confidence-plainte... je lui réponds : oui, je sais – sans promettre de rien faire...

[Manuscrit sur feuillet de format 13,5 × 21 cm, à en-tête de l'ENS / Le Secrétaire, écrit au stylo à bille noir.]

— organisation des élèves qui ont mis sur pied tout un programme de cours qu'ils donnent... ils m'y invitent – il n'y a presque personne. Je le remarque et me dis que ce que je faisais l'an dernier était mieux. Alors je m'aperçois qu'on m'a dérobé chez moi (lors d'un grand désordre, pillage) des tissus qui sont ici et là, je vais les récupérer : ils sont à moi...

— avec mon père (il sera là dans un instant) – voyage à effectuer, mes valises sont faites puis il est question d'être attaqués, de partir se battre, brusquement mon père choisit un revolver et s'en va – moi je reste là et deux choses : 1) je n'arriverai jamais à tout emporter, mais que choisir et où le faire tenir ? Je vois des amis (Nicole[1]) qui rangent de la nourriture dans leur valise (des reines-claudes), je suis en retard, jamais je n'y arriverai 2) le revolver = j'essaie d'en trouver un dans le tas, je n'y arrive pas, il me manque toujours

1. Nicole Alphandéry, psychanalyste, amie de Louis Althusser et femme de Claude Alphandéry, banquier proche du parti communiste dans les années 1950.

une pièce, il y a bien des couteaux mais je ne saurai pas me battre au couteau, ils sont énormes ou, quand ils sont petits, ils sont crasseux, pourtant il faudrait bien un couteau, ne serait-ce que pour manger !...

— avec H. dans plaine où [nous] marchons. Faim. Pays étranger. Une ferme. On y va quand même et on y trouve des vieilles femmes qui nous donnent à manger, comment les remercier elles ne parlent pas notre langue... à la fin je m'apercevrai que ce sont des indigènes (« fatmas ») et qu'elles parlent un peu le français... on sort et on tombera sur un homme, un pied-noir, qui possède tout le terrain et le pays et qui voudra à tout prix nous donner ses produits – d'abord des *cerises confites*, puis des pâtes – Cerises confites, grossières, gluantes, les pâtes : j'ouvrirai les paquets : elles sont collées les unes avec les autres et pourries. On ne peut pas lui refuser mais ça ne vaut rien et comment emporter ça jusqu'au bateau ? Je jette les pâtes en route...

[Manuscrit sur papier à lettres de format 21 × 27 cm, coupé en deux, écrit au stylo à bille bleu.]

à Laroche ? tout le monde (grand-mère, mère, etc. monde féminin exclusif) dans la maison – et je découvre que quelque chose se trame : une équipe d'hommes (comme des résistants ?) est venue pour monter un coup contre un voisin (machine infernale à disposer ?) (fils à enterrer, etc...) la famille est (devenue ? n'a pu faire autrement ?) complice – ne pas se faire voir, avoir l'air naturel pendant tout ce travail – moi je suis assez hors du coup – quand tout est fini le problème sera de partir sans être vus : qu'ils aillent au fond du jardin, je prendrai la voiture et les prendrai en passant. Ma voiture je l'ai laissée un peu plus bas. J'y vais, mais voici qu'elle est bloquée :

1) par quelqu'un qui a voulu la faire partir et l'a fait patiner – il y a un trou sous ses roues

2) par un camion qui est venu la coincer.

C'est la preuve, on sera pris à cause de la voiture (preuve qu'on était là – et vu le trou et le camion – à telle heure) – on ne pense jamais à tout, elles n'auraient pas dû se laisser entraîner dans cette histoire... je vais au fond du jardin pour leur dire que c'est foutu – de plus on les voit.

[Extrait d'une lettre dactylographiée à Franca du 25 décembre 1962, publiée dans Lettres à Franca (1961-1973), op. cit., *p. 309.]*

([...] cela me fait venir soudain à l'esprit que j'ai fait cette nuit un rêve de *chevaux*, c'est incroyable ce que je puis rêver, il y avait une sorte de concours-présentation de chevaux et celui qui le gagnait était un homme qui montait un cheval très long, très souple, très élégant, mais on ne le voyait pas courir, on le voyait assis sur le cheval qui était lui-même assis, droit et très long, accroupi sur ses pattes de derrière ramassées sous lui avec une élégance extraordinaire... ce cheval était manifestement une jument et il était clair qu'une fois « dépliée », elle devait courir très vite, étant *très longue* et très souple de corps... et moi soudain je me disais que j'aurais pu concourir, que j'avais *la mienne*, qui eût certainement couru plus vite, elle était dans son étable, j'allais la voir, c'était comme une jument *verte* (pas du tout au sens de Marcel Aymé, verte c'est-à-dire jeune, nerveuse, en pleine force, impatiente, fougueuse, pleine de vie, intenable, presque à l'état sauvage, tenant à peine dans sa stalle, mal peignée, mal lavée, se foutant en somme de toutes les vertus de l'élégance qu'avait l'autre, mais autrement plus rapide, plus efficace, enfin une sorte de plénitude de vie) irrésistible, tellement forte d'ailleurs qu'on n'avait pas pu la faire participer au concours !! (comme si elle n'avait pas été prête, comme si elle était trop sauvage, pas assez dressée, comme si, pour des raisons très diverses, soit les convenances et les apparences, soit aussi le *manque de dressage pour bien doser ses efforts*, il n'avait pas été possible de l'enrôler dans la course...) j'allai la voir, et elle était là, piaffant, peau tendue sur le corps, « verte », etc. après je ne me souviens plus, pourquoi t'ai-je raconté tout cela ? oui, pour le mot de cavale... il doit y avoir pas mal de choses sous ces associations, je ne cherche pas, je te donne cela tout en vrac, il doit y avoir ton bien, de ton bien là-dedans, prends-le, Franca, je te fais confiance. [...]

- X -

1963

Rêve de cendres

[Extrait d'une lettre dactylographiée à Franca du 14 mars 1963, publiée dans Lettres à Franca (1961-1973), op. cit., *p. 402-404.]*

[...] il y avait ce rêve que voici, fait l'autre nuit, et que (tes recommandations, celles mêmes que je contestai si sottement) je n'avais pas noté. Rêve. Je descendais d'un train, dans une gare, pays étranger (Suisse, Italie ? rien qui ressemblât à ce que je connais en tout cas) j'étais en retard, j'avais dû prendre le train trop tard, ou mal m'y prendre, j'arrivais en hâte, et si vite, pour rejoindre mon père, qui devait m'attendre, que *je ne me souciai pas de mes bagages*. J'avais une serviette à la main (que tu connais) et une valise, pas très grande. Les employés chargeaient les bagages sur une charrette, très chargée. Moi je me disais : ça va, je peux les avoir perdus, *ça ne fait rien*, je ne vais pas aller vérifier, ça ficherait tout en l'air, je gâcherais tout ce qui se passe, et si je les ai perdus tant pis ! (une sorte de calcul rapide, terminé par un jugement de valeur : les choses importantes d'abord. Merde pour le reste !). Puis je pars à pied avec mon père, un homme tire la charrette. Route. Campagne. Et nous arrivons au terminus, une ville, et une gare de nouveau. Mais pas une gare avec des trains : une gare sans trains : une sorte de dépôt de colis et bagages, comme une « consigne » (*deposito di bagagli* je crois, c'était ainsi à Bologne) (je pense soudain : oui, j'y avais retiré mes bagages, il y avait Mino[1] toi et Claudine[2]). Là des employés font le tri des bagages et les distribuent. Je vais bien voir si les miens sont là. Ils me tendent ma serviette en cuir. Mais pas de valise. Ennuyeux : dans la valise il y avait des livres précieux, non par leur prix, mais parce que épuisés, introuvables, difficiles à se procurer. Mais dans ma serviette, il y avait des manuscrits et tes lettres, l'essentiel. Ennuyé pour les livres, mais je savais que l'*essentiel*, après tout le reste, c'était bien secondaire, même des livres introuvables, l'essentiel c'était cette serviette et tes lettres, et cette idée : tant que j'ai ses lettres avec moi, j'ai son *adresse* (et me traverse alors l'esprit : mais je lui ai dit autrefois quelque chose sur son adresse, je sais que je t'ai dit quelques chose d'important sur ton adresse, je cherche, je cherche, je sens que j'ai la phrase sur la langue, mais je ne peux pas la prononcer, ça ne fait rien, je l'ai dans la bouche elle ne peut pas m'échapper, j'attendrai le temps qu'il faut, je retrouverai ce que je t'ai dit sur ton adresse : tout cela dans le rêve, bien entendu, avec cette sorte de *cercle* : c'est moi qui lui ai dit – à toi – quelque chose sur ton adresse... comme si c'était *moi* qui t'avais donné *ton* adresse, et en même temps si je veux pouvoir te joindre, t'écrire, te parler et te voir, j'ai besoin de *ton* adresse, moi j'ai besoin de ton adresse,

1. Mino Hiram Madonia, mari de Franca (1923-1976).

2. Claudine Fitte, argentine, amie de Franca et de Giovanna, sœur de Mino et compagne du peintre Leonardo Cremonini.

de l'adresse qui est la tienne, et que je t'ai donnée... tout se passe comme si ce que je t'avais donné, j'en ai précisément besoin, un besoin vital pour pouvoir entrer en contact avec toi (lettres, paroles, visite, etc.) tout se passe comme si, tout seul je ne pouvais retrouver ce que je t'avais donné, qui est ta propre adresse, que tu as reçue de moi ! Comme si j'avais besoin de toi pour retrouver ce que je t'ai donné, et qui est justement ta propre *adresse* !) d'ailleurs cette adresse je l'ai quand même, elle est dans tes lettres, tant que je les ai avec moi, je ne risque rien, même si je ne puis pas la prononcer, même si je l'ai dans la bouche sans pouvoir la prononcer. J'ai tes lettres. L'essentiel. Mais me manque toujours la valise (les livres...) alors je vois avec étonnement que les employés de la gare, bien organisés et disciplinés se mettent à chercher ma valise, ils sont sûrs, absolument sûrs de la retrouver, ils me le garantissent, ils en sont beaucoup plus sûrs que moi, ce sont d'ailleurs des sortes de policiers, ils se mettent à faire des battues autour de la « Gare » dans la campagne. Mais ils ne trouvent rien. Alors ils viennent me voir et me disent triomphalement que de toutes façons, s'ils ne retrouvent pas la mienne, ils me donneront *une valise*, une autre, bien entendu. Comment ils vont faire ? Ils me le montrent. Ils vont fouiller les sous-sols de la gare : là, il y a comme des gradins de stade, et de la paille, et des clochards y dorment la nuit. Le jour, ils ne sont pas là, mais ils ont laissé *leurs valises* à même le sol. Alors les « agents policiers » vont chercher une de ces valises pour me la donner : c'est une valise tout abîmée, le couvercle est à moitié calciné, les gonds ne tiennent plus très bien, et elle est plus petite que la mienne. Mais à vrai dire, [cette] valise, je m'en fous, ce n'est pas important pour moi. Ils insistent et alors je comprends qu'ils ont pris cette valise *à un jeune clochard*, qu'elle contient toute sa richesse : deux ou trois objets sordides, un blaireau, un morceau de miroir et je ne sais quoi. Et un morceau de papier, sur lequel il y a des choses écrites, qui permettent de le *poursuivre*, comme une sorte d'aveu de culpabilité qu'on va retourner contre lui. En somme, en son *absence*, ils prennent cette valise de rien du tout, qui contient toute sa richesse à lui, cette misérable richesse, et en même temps ils se donnent le moyen de poursuivre ce pauvre type, *jeune* encore, en découvrant dans sa valise comme une sorte d'aveu de culpabilité. J'en ai le cœur bouleversé, comme la nausée. Une sorte de pitié sans bornes, une sorte d'amour sans bornes pour ce malheureux qui n'est pas là, qu'on est en train de dépouiller et à qui on va même pouvoir faire du mal, *à cause de moi*, au moins c'est leur point de vue, ils disent qu'ils font cela *à cause de moi*. Je ne puis plus supporter toute la scène, j'éclate de colère et de larmes, je me mets à crier, je me mets à les injurier, je leur dis qu'ils sont des criminels, je leur dis que je m'en fous de ma valise, que ce qu'il y avait dedans et rien pour moi c'est la même chose, que si j'y avais tenu à ma valise, j'aurais pris mes précautions, que j'étais assez grand pour cela, que si je n'avais pas pris mes précautions c'est que je l'avais décidé ainsi, que j'avais jugé qu'il y avait des choses plus importantes, que j'avais su choisir les choses les plus importantes, qu'eux étaient

Pages du journal de captivité, au stalag XA
(on remarque que chaque page du journal porte le tampon
des autorités du camp de prisonniers),
transcriptions p. 40-41.

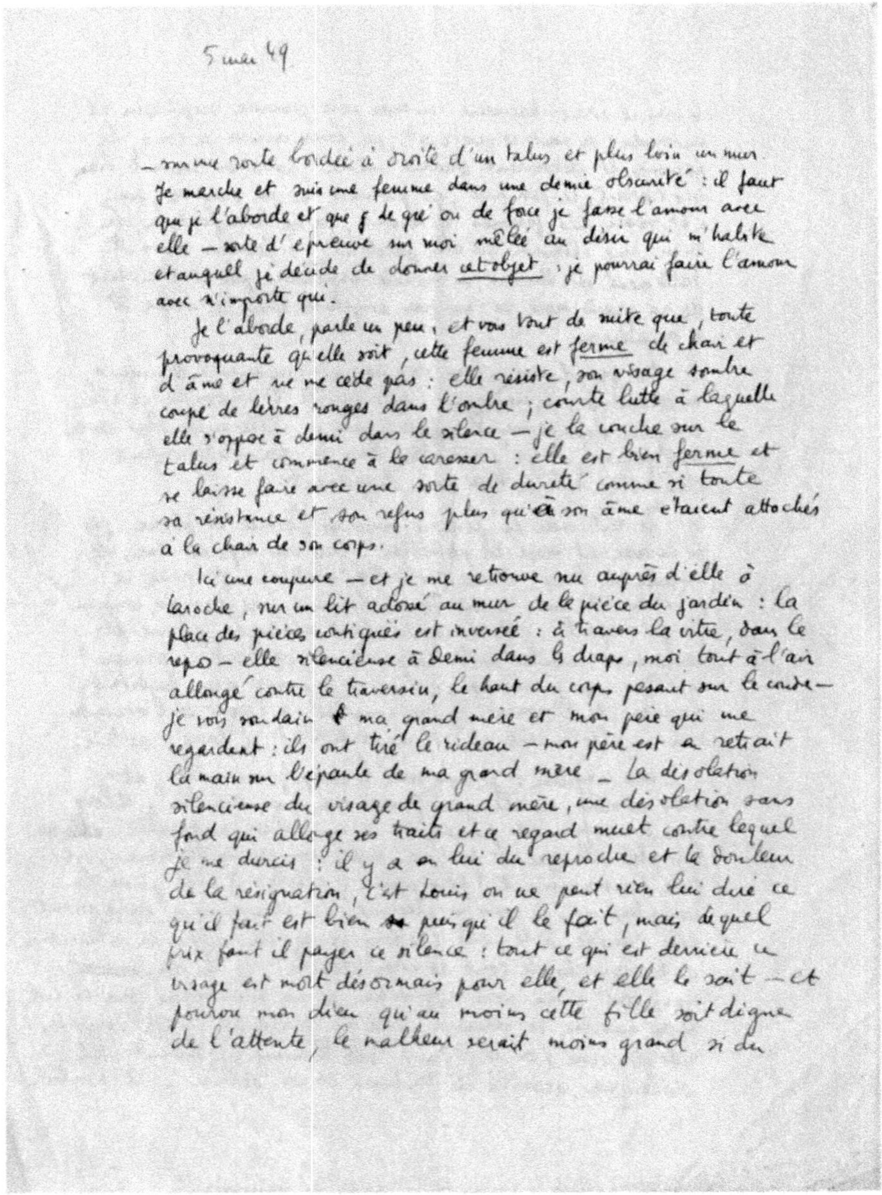

5 mai 49

– sur une route bordée à droite d'un talus et plus loin un mur. Je marche et suis une femme dans une demie obscurité : il faut que je l'aborde et que de gré ou de force je fasse l'amour avec elle – sorte d'épreuve sur moi mêlée au désir qui m'habite et auquel je décide de donner cet objet ; je pourrai faire l'amour avec n'importe qui.

Je l'aborde, parle un peu, et vois tout de suite que, toute provoquante qu'elle soit, cette femme est ferme de chair et d'âme et ne me cède pas : elle résiste, son visage sombre coupé de lèvres rouges dans l'ombre ; courte lutte à laquelle elle s'oppose à demi dans le silence – je la couche sur le talus et commence à la caresser : elle est bien ferme et se laisse faire avec une sorte de dureté comme si toute sa résistance et son refus plus qu'à son âme étaient attachés à la chair de son corps.

Ici une coupure – et je me retrouve nu auprès d'elle à Laroche, sur un lit adossé au mur de la pièce du jardin : la place des pièces contiguës est inversée : à travers la vitre, dans le repo – elle silencieuse à demi dans les draps, moi tout à l'air allongé contre le traversin, le haut du corps pesant sur le coude – je vois soudain ma grand mère et mon père qui me regardent : ils ont tiré le rideau – mon père est a retirait la main sur l'épaule de ma grand mère – la désolation silencieuse du visage de grand mère, une désolation sans fond qui allonge ses traits et ce regard muet contre lequel je me durcis : il y a en lui du reproche et la douleur de la résignation, c'est Louis on ne peut rien lui dire ce qu'il fait est bien puisqu'il le fait, mais de quel prix faut il payer ce silence : tout ce qui est derrière ce visage est mort désormais pour elle, et elle le sait – et pourvu mon dieu qu'au moins cette fille soit digne de l'attente, le malheur serait moins grand si du

Rêve du 5 mai 1949,
transcriptions p. 59-60.

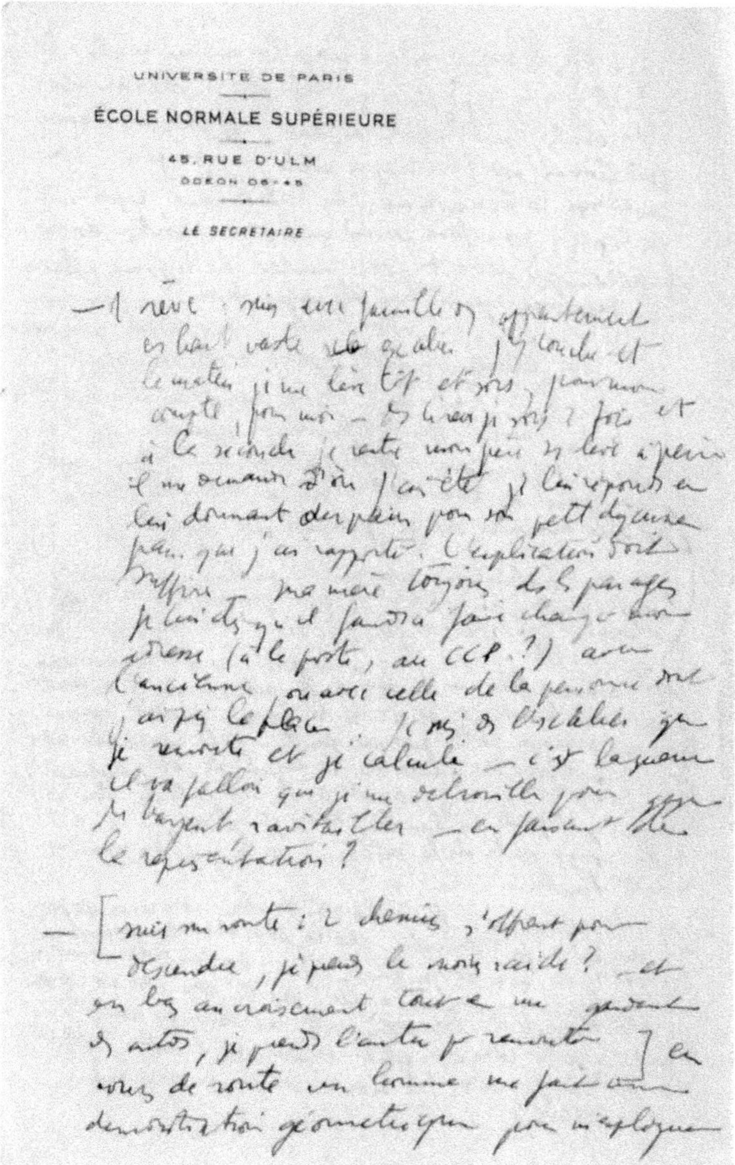

UNIVERSITÉ DE PARIS

ÉCOLE NORMALE SUPÉRIEURE

45, RUE D'ULM

ODÉON 08-45

LE SECRÉTAIRE

— 1 rêve : suis avec famille ds appartement en haut vaste [illegible] je couche et le matin je me lève tôt et sors, pour mon compte, pour moi — ds la rue je sors 2 fois et à la seconde je rentre mon père se lève à peine il me demande d'où j'ai été je lui réponds en lui donnant des pains pour son petit déjeuner pains que j'ai rapportés. L'explication doit suffire — ma mère toujours ds les parages je lui dis qu'il faudra faire changer mon adresse (à la poste, au CCP ?) avec l'ancienne ou avec celle de la personne qui a pris la place. Je suis ds l'escalier que je remonte et je calcule — c'est la guerre il va falloir que je me débrouille pour [illegible] ravitailler — en faisant [illegible] la représentation ?

— [suis en route : 2 chemins, s'offrant pour descendre, je prends le moins raide ? — et en bas au croisement [illegible] de autos, je prends l'autre je remonte] en cours de route un homme me fait une démonstration géométrique pour m'expliquer

Rêves des années 1949-1950

transcriptions p. 70-71.

8.2.62

petit train que je prends (wagons à banqu-
ttes comme tramway). Gare de départ. On
met en vente 1 betterave rouge, comme pe-
tit déjeûner. Une seule. Comme aux enchè-
res. Un voyageur riche l'achètera. Moi,
malin, je trouve une solution : sur un
étal de la gare, il y a une betterave blan
che épeluchée, je l'achèterai avec un radi
long (à moitié mangé, mou) et une casquet-
te (je "resquille"la casquette entre la
betterave et le radis, après je l'aurai
sur la tète, elle me va à merveille, en
tissu d'aspect gauffre). Combien ? Je don-
ne, avant d'avoir la réponse, une pièce de
100 frs. La marchande (qui bavardait à
l'écart de son étal) me rend plus de 100
frs...(je craignais d'avoir donné trop
peu, et donnais seulement 100 frs pour
"conjurer" le prix, pour quiil ne soit pas
trop élevé.)...Bon. Dans le train, choisir
une place pour manger, une banquette avec
table en face..........puis se posera un
grave problème: L'enregistrement de ma
malle. Je l'ai apportée précédemment à
une gare plus éloignée, qui est sur le
trajet du train que j'ai pris. Je cherche
rai (dans un moment) le nom de cette ga-
re : Millay ? Autun ? Mais je n'ai pu
alors l'enregistrer puisque je suis main-
tenant dans le train. Je raisonne : j'ai
d'abord cru qu'elle était dans un autre
wagon, plus en avant dans le train, un
wagon plus confortable, le wagon du train
définitif, incorporé dans ce petit train
matinal-local. J'ai alors pensé qu'il suf-
fisait que je rejoigne ce wagon, en remon-
tant le train, pour la retrouver. Mais
je m'aperçois que ce n'est pas possible.

Rêve du 8 février 1962,
transcriptions p. 97-98.

— France – gare d'Austerlitz
— lettre sur l'enfant

— St = ce qui lui manque

mardi 17 mars

(après soirée où j'ai parlé à haute voix devant H du thème mis en évidence au cours de la dernière séance : que finalement je pense que les choses devraient se situer quelque part dans l'Oedipe, et avoir rapport avec la castration; que tout se passe comme si j'avais besoin d'en "rajouter", donc de la "rallonger" quand tout va bien, et au contraire d'en"rajouter" en creux quand tout va mal; que dans les deux cas je serais dans un rapport de refus à l'égard de "celle" que j'ai comme si j'avais besoin soit de lui ajouter une rallonge pour aller bien, soit de transformer en abîme le manque quand je vais mal, ou pour aller mal)

rêve :

mon père officier, grand, en uniforme, va présider une sorte de cérémonie militaire du départ de troupes, départ en captivité.

caractère extrèmement solennel de la cérémonie, mon père entièrement pris par son rôle, avec lequel il ne transigera pas.

tout se jouera sur le fait de son refus de faire transporter mes affaires (pouraller en captivité): les siennes, oui, mais les miennes non, bien qu'il soit mon père : que je me débrouille. Refus inflexible

j'irai donc préparer mes affaires : qu'emporter en captivité ? j'ai déjà l'expérience, je cherche lainages, chaussures diverses -je vois des chaussures à semelles de bois, mais on nous en donnera en captivité inutile de les emporter etc...car on ne peut pas emporter beaucoup de choses...j'emporterai tout un lot de fourchettes couteau (je découvre un couvert de camping que je ne connaissais pas, tout neuf, avec fourchette presque à ne dents, très courtes, palmées) ouvre-boîtes etc. Puis quelqu'un (ma soeur) prépare de la nourriture, des sortes de boudins,-au moins la forme car ce sont plutôt des gateaux, qu'on va couper en morceaux pour que je les emporte)

(cette partie est peut-être postérieure au reste du rêve ?)

mon père ne voulant pas m'aider, je quitte les rangs pour emporter mes affaires...ma mère affolée accourt alors et me rejoint, en me xxxx suppliant de ne pas faire çà...je persiste : voulant emporter au moins mes affaires jusque chez "Cézanne" -nom comme çà- où mon père devra passer de toute façon...

(qu'il contact — ait lieu pour qu'il [illegible] rien ne pénètre — jusqu'à je n'ai pas de contact)

rêve —
glaïeuls
caméra photo —
revolver —
vieille image colonne —
[illegible] passant grand arbre.
— Lacan : je l'ai "remonté" — lui et les autres.

Rêve du 17 mars 1964,
transcriptions p. 127-128.

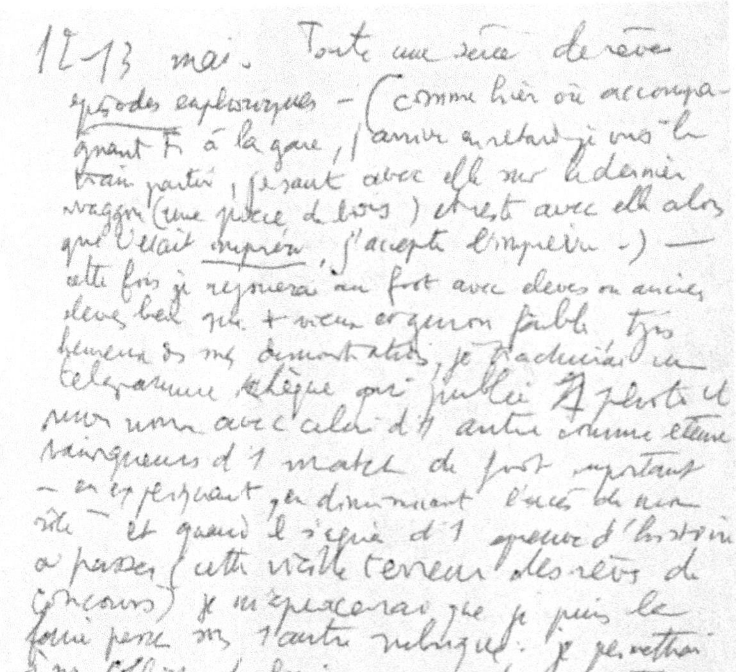
12-13 mai. Toute une série de rêves épisodes explosives – (comme hier où accompagnant [illegible] à la gare, j'arrive en retard je vois le train partir, je saute avec elle sur le dernier wagon (une pièce de bois) et reste avec elle alors que c'était imprévu, j'accepte l'imprévu –) — cette fois je [illegible] au foot avec élèves ou anciens élèves [illegible] + vieux [illegible] faible très heureux de mes démonstrations, je [illegible] un télégramme [illegible] qui publie [illegible] [illegible] avec celui d'1 autre comme étant vainqueurs d'1 match de foot important – en [illegible], en diminuant l'accès [illegible] – et quand le [illegible] d'1 épreuve d'histoire a passer (cette vieille terreur des rêves de concours) je [illegible] que je puis la faire passer sous 1 autre rubrique. Je permettrai à mes collègues de faire passer sous une autre rubrique [illegible] de [illegible] pour avoir [illegible] etc...

Avant il y aura eu un rêve où après une manifestation populaire (violente) je me retrouve avec anciens élèves [illegible] [illegible] [illegible]. Je reviens d'une vallée où ... j'aurais organisé les manifestations. Ce n'est pas exact mais ce n'est peut être pas faux après tout ... [illegible] je suis accueilli (et Hélène aussi) comme celui qui a su voir [illegible] organiser la manifestation là où il fallait – quand il fallait – etc. [illegible] de retrouver

Rêve de 1964,
transcriptions p. 145-146.

10 aout 64

deux rèves : à deux jours de dist ance

1/ je dois tuer ma soeur, ou elle doit mourir, il y a une obligatio n impossible à éviter, un devoir, presque devoir de conscience, avant une date ou heure prescrite. la tuer avec son accord d'ailleurs : sorte de communion pathétique dans le sacrifice (qui me rappelle quelquechose: je ne sais d'où, tres lointain, avec une sorte de gout du pathétique communiant...je dirais presque comme un arrière gout de faire l'amour, comme un découvrir les entrailles-de-ma-mère ou soeur, son cou, sa gorge, pour lui faire du bien : sentiment un peu comparable au sentiment éprouvé en soignant soit ma mère soit ma soeur, soit ma grand-mère (souvenir précis : Laroche, a pres son attaque), les soignant donc pour leur bien, mais devant pour cela découvrir quelquechose de leur nudité, sexe, poitrine etc. sentiment d'oblation intense : ne pas voir le sexe comme tel, mais voir l'autre personne malade : je fais le sacrifice de ne pas regarder le sexe comme tel, oblation, je s crifie mon sexe, mon désir etc. à l'acte de salut que j'opère) (je détourne les yeux) (je sais que je fais bien, je sais que je suis dans le devoir : cette discrétion du regard). Pénétrer dans leur intimité pour les soigner-sauver...tres proche du pathétique de la mort-donnée à ma soeur : pénetrer dans son intimité, violer son corps, sa gorge, lui donner la mort (qui la sauvera : qui fera que l'ordre aura été respecté) pour la sauver-soigner...

substitut d'un acte érotique-sexuel : a la meme chaleur affective-pathétique de don que le moment du spasme dans un acte sexuel de type dévouement

je rapproche cela de l'émotion intense, et terriblement traumatisante de ma première masturbation et surtout de mon premier acte sexuel : comme si je mourais dans l'éjection le souffle coupé suspendu , et comme si cette éjection était vécue comme une oblation : faire l'amour pour...le don du sperme (vie, souffle, halètement)...exactement comme le don de la mort dans le rève

je suis lié à ce don de la mort dans une communion avec ma soeur, et c'est pour son salut que je dois la tuer, en pénétrant dans sa gorge avec le maximum de ferveur (comme on soigne un grand malade)(image de ce petit homme que j'ai veillé et vu mourir en captivité)

donner la mort comme un don pour l'autre, en lui faisant le moins de mal possible, sans rechercher mon plaisir à moi ou mon bien : réconcilié avec la personne que je tue...affectivement réconcilié, pardonné, bien mieux approuvé, elle consent, dit oui, c'est parce qu'elle le veut et demande, sait qu'il faut y passer que je l'aide...

cela : effussion chaleureuse oblative de la mort donnée comparable à l'éjection chaleureuse oblative des premiers actes sexuels. Entre moi et ma partenaire : la mort, ou une image de désastre commun dans la communion de la chaleur

Rêve prémonitoire du 10 août 1964,

(Soulignements en bleu faits par Althusser en 1984 à l'intention de son psychanalyste René Diatkine)

transcriptions p. 179-181.

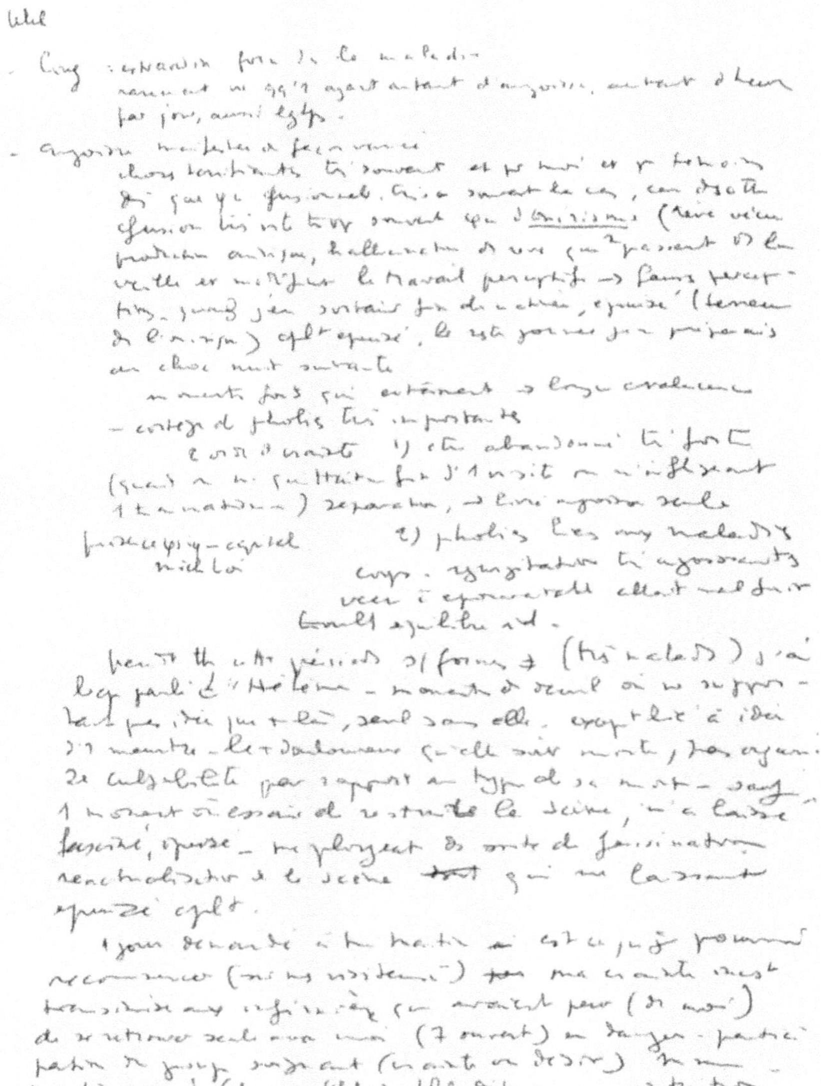

Première page du relevé manuscrit
de la « discussion » avec le Dr Uhl.

tout simplement des lâches, qu'ils pensaient faire leur devoir, mais qu'ils étaient des misérables et plus je criais et plus j'étais indigné, et plus la colère gonflait en moi, et plus je pleurais de rage. Ils s'étaient tous rangés contre la grille, comme au garde-à-vous, la casquette à la main (je pense – cette réflexion n'est pas dans le rêve : je pense au film de Welles : *Le Procès* ; cette scène eût fait une vraie scène du film) alors au comble de la fureur je les chassais en les battant avec ma serviette en cuir et ils se mettaient à trembler et à courir, et ils fuyaient. A un moment il n'y avait plus personne, j'étais en pleine campagne. Mon père est venu s'asseoir près de moi, à mes pieds, sans un mot, j'allais dire comme un chien, oui, comme un bon chien paisible. C'était un grand silence. Alors j'ai su que j'avais retrouvé *ton adresse.* C'était un mot, un seul mot, que je prononçai alors plusieurs fois. Ce mot c'était (je m'en souviens très bien) : *viapia*[1]. Alors j'ai ouvert ma serviette. Il y avait tes lettres. Tous mes livres étaient là.

comme tu penses, il y avait de quoi travailler dans ce rêve. On a bien travaillé.

vais bien dormir, à demain l'aube[2].

1. Dans sa lettre du 12 mars 1963, Franca évoque une discussion orageuse avec Althusser dans un restaurant de la via Appia à Rome.
2. Ajout manuscrit.

[Extrait d'une lettre dactylographiée à Franca du 17 mars 1963, publiée dans Lettres à Franca (1961-1973), op. cit., *p. 404-407.]*

Dimanche 17, je crois, mars

Un rêve de cendres cette nuit. Mais dans des conditions exceptionnelles, puisque c'était un rêve dans un rêve. J'avais à faire un rêve avec des cendres. J'étais dans un grand jardin, sable tendre, qu'avait mouillé une pluie fragile, crissant sous les pas. Derrière moi (je la verrais un peu plus tard, mais je savais qu'elle était là, une façade blanche, victorienne, comme on en voit dans les images anglaises anciennes, avec des marches allongées, deux ou trois à peine, menant à un perron). Un vieil homme arrivait vers moi du fond du jardin (perdu dans des arbres), tirant une charrette, il était attaché à elle par des sangles, comme attelé, il tirait sur les brancards, la tête penchée en avant, tout le corps tendu dans l'effort. Pourtant je savais qu'elle était *légère*. Il m'apportait la *cendre*. De fait, la charrette à bras, qui avait de hauts battants en bois, en était pleine, la cendre faisait un tas au-dessus des parois, j'entendais le silence de la cendre, j'entendais *le silence qu'elle faisait*, derrière le bruit du sable sous les pas du jardinier. Oui ce devait être le jardinier, je le savais à l'odeur. Une vieille odeur de tabac (ses moustaches, le tabac reste comme odeur, toujours, dans les moustaches) (je sais cela de mon grand-père, j'imagine, – mais n'interrompons pas le rêve). Je savais que la charrette était *légère*, malgré les efforts de l'homme, parce que c'était une charrette de cendres. On avait brûlé un cèdre pour moi dans le fond du jardin, mais il y avait tant d'arbres dans ce fond de jardin qu'un de plus ou un de moins, le vide ne se voyait pas. //écrivant, je pense : cendres-cèdre... // Le vieux tirait sa charrette, puis venait la vider à mes pieds. Je savais que je devais *en faire un rêve*. La cendre était d'une incroyable douceur, grise, grise, mais gris clair, poudre grise, comme elle-même saupoudrée de poudre qui eût été gris clair, et d'une infinie tendresse aux mains. Je la prenais entre les mains, je ne me lassais pas de la prendre entre les mains, je cherchais en elle, et toujours pas seulement dans sa surface, mais dans son fond, c'était la même cendre comme saupoudrée d'une autre cendre grise qui était elle-même *[sic]*. Le jardinier (il avait bien des moustaches) était parti. Je continuai ainsi longtemps à chercher la cendre dans la cendre, lentement, indéfiniment, le bruit qu'elle faisait avait changé, ce n'était plus *le silence*, c'était un bruit de plumes, comme des plumes caressées, comme des cheveux caressés. Oui, exactement un bruit de cheveux caressés. Je devais *en faire un rêve*. Puis je me suis tout d'un coup trouvé tiré par-derrière avec violence : c'était deux hommes qui venaient me chercher. Ils me tenaient par les bras. C'était naturel, je me disais c'est naturel, évidemment, puisque je n'en ai *pas fait un rêve*. Ils avaient des revolvers à la ceinture, des casquettes d'aspect militaire, ils m'entraînaient sans un mot. On a monté les marches de la maison, c'est alors que j'ai vu la façade : un blanc insoutenable, éblouissant, à faire mal aux yeux, avec le sentiment [que] c'est étrange, c'est pourtant une vieille maison anglaise, qui a bien cent ans, comment peut-elle être d'un pareil blanc qui fait si mal aux yeux ? Ils m'ont fait entrer dans la maison, on a traversé un salon, une autre pièce, avec des tableaux (des portraits) aux murs, puis on est allés dans une toute petite pièce, blanche, elle aussi, aussi blanche que la façade, du même blanc insoutenable. Ils m'ont mis sur une chaise et se sont assis derrière la table, et l'interrogatoire a commencé. Je savais ce qu'ils allaient me demander, je savais ce qu'ils voulaient de moi, mais j'avais décidé que je ne *céderais pas*. Je leur ai demandé de tirer le rideau, les yeux me faisaient mal. Ils ont dit non. Je leur ai demandé encore d'autres choses (de l'eau, je crois, et quelque autre chose, importante, que j'ai oubliée) ils ont encore dit non. Je savais qu'ils diraient toujours non. L'interrogatoire, c'était de dire non. Je le savais. Alors je me mis à leur poser toutes sortes de questions *pour qu'ils disent non*, pour qu'ils disent non le plus vite possible, pour qu'ils aillent jusqu'au bout de tous leurs « non », pour que l'interrogatoire finisse. //c'est évidemment un singulier interrogatoire : puisqu'il ne consistait pas à me poser la moindre question, mais à refuser toutes mes demandes//. Ils disaient toujours non, ils n'en finissaient jamais. Alors, tout d'un coup, j'ai compris qu'ils disaient *non* parce que je leur demandais quelque chose, qu'ils disaient non parce que je leur exprimais un désir, un besoin. Alors j'ai compris que l'interrogatoire durerait autant que j'aurais de désirs à exprimer, aussi longtemps que je leur demanderais quelque chose... que c'était moi qui faisais durer l'interrogatoire par mes désirs, auxquels ils répondaient : « non »... mais en même temps je me suis trouvé pris dans une frayeur panique, car je voyais en moi un nombre infini de désirs qui attendaient que je les exprime, les uns derrière les autres comme des gens qui attendent... sans qu'on puisse jamais en voir le dernier. Je continuai, accablé, pendant un long moment, et ils répondaient toujours non, et je savais que ça n'aurait *jamais de fin*, parce que mes questions (demandes) n'en finiraient jamais, et qu'eux n'en finiraient jamais de me dire non. Le tout sur le fond de cette phrase qui me restait, comme un écho : « je ne céderai pas ». Puis soudain quelque chose s'est passé dans cette foule de désirs, de demandes, et j'ai vu que je n'avais vraiment qu'un seul désir, que tous les autres disparaissaient devant lui, se résorbaient devant lui : *retrouver les cendres*, mes cendres, leur contact, leur toucher, leur tendresse, leur bruit. Ce désir a tout envahi : il n'y avait plus que lui (pendant ce temps, je continuai à faire aux gardiens des demandes, mais pour les tromper). Alors s'est passé comme un vertige au bord d'un abîme : j'ai compris que si je voulais *sauver ce désir unique*, il fallait que je le *taise*, pour qu'Ils ne le détruisent pas en disant : non. J'ai compris cela à l'ultime seconde, au moment où j'allais prononcer ce désir, et au bord du mot, j'ai réussi à me taire. Alors ça a été le silence... puis au bout d'un long épisode (que j'ai oublié, mais il s'y est passé encore quelque chose) j'ai entendu le bruit du sable. J'étais dehors, dans le jardin. Il n'y avait personne. Ni jardinier, ni charrette. *Il n'y avait plus de cendres.* Mais cela ne m'a pas étonné, je le savais d'une connaissance sourde, profonde, calme : il n'y avait plus de cendres parce que *j'avais fait un rêve avec mes cendres.* Je savais aussi que le jardin n'était plus le même, ni la maison (derrière moi). Je suis allé vers les arbres, vers le fond du jardin. [On] voyait un paysage immense, le jardin dominait toute la campagne. *Le cèdre était là.* Son tronc était intact, ses branches, tout. Au pied du cèdre, assise, je ne voyais qu'un livre sur les genoux et les cheveux d'une tête penchée sur lui, il y avait toi. Le livre, c'était mon rêve. *Tu étais en train de lire mon rêve.*

[...]

Mardi, 19 h. N'ai pu t'envoyer cette lettre hier. Trop près de ce rêve, qui m'a hanté depuis deux jours. Je l'avais écrit pour toi, autant que pour moi. Puis à le lire, je l'ai trouvé à la fois tellement éclatant et tellement obscur que je me suis demandé si j'avais le droit de te le donner. Mais je sais qu'on ne voit finalement à peu près rien tout seul en ses propres rêves. (J'en fais toutes les nuits, plusieurs.) J'y vois une chaîne signifiante, comme ils disent, entre *cendres* – *cèdres* – je ne *céderai* pas... et évidemment une structure paradoxale de conflit dont je sors vainqueur à la condition paradoxale *de ne pas dire ce que je veux* à des gens qui sont là pour *me le refuser*, me l'interdire, à condition de ne pas dire mon désir le plus profond... Je vois aussi qu'il y a un rapport à ces *cendres*, ce désir, cendres qui ont dans le rêve une surcharge affective extraordinaire, j'allais dire aussi douces qu'une peau, que des plumes-chevelure (mais c'est dans le rêve) aussi douces que des larmes-quand-elles-sont-acceptées-par-quelqu'un, quelque chose de déchirant et en même temps de profondément rassurant et sensuel, j'imagine quelque chose qui remonte très loin dans les besoins d'un enfant, dans ses souvenirs et ses nostalgies. Il y avait aussi cette étrange structure d'avoir (dans le rêve lui-même !) à *faire un rêve* avec ces *cendres*, et le fait que, lorsque j'ai réussi à sauver ce désir fondamental (ces cendres) en le taisant, lorsque je sors dans le jardin, ou que je me retrouve dans le jardin, je sais que j'ai fait ce que je devais faire : un rêve avec ces cendres (et je l'ai fait : les cendres, effectivement, ne sont plus là !) – et évidemment il y a une identité entre 1) faire un rêve avec ces cendres et 2) découvrir que le désir de ces cendres est mon désir unique et fondamental, vital. « Faire ce rêve » c'est découvrir et sauver ce désir. La suite est sans doute *trop claire*. Puisque dans tout le contexte intact (le rêve était donc destiné à la découvrir), ou peut-être même dans ce contexte qui existe pour la première fois (jardin, cèdre, avec paysage dominé, cette mutation du jardin, intéressante, [ce] jardin est lié pour moi à [de] très lointains souvenirs, c'est dans un jardin *dominant le paysage* que j'ai passé ma toute petite enfance, dans le jardin de la maison forestière dont mon grand-père était le garde forestier, au-dessus d'Alger, dans le « Bois de Boulogne » – et on dominait tout Alger et la mer, très loin... je pense aussi au jardin de Bertinoro[1], et j'y pense soudain, il y a aussi des cèdres à B[ertinoro]... comme il y en avait dans le jardin de mon grand-père à Alger... bon, voilà que je commence à associer, je ne finirai plus !) je disais donc que la fin du rêve est sans doute trop *claire* (mais ces dernières associations lui donnent une profondeur que je ne voyais pas en commençant cette phrase puisque j'y voyais seulement ce qui suit :) je disais que la fin du rêve est sans doute trop claire, car dans ce jardin soit renouvelé, soit existant, pour la première fois intact (le cèdre [à] la place de ses cendres, le paysage dominé, rappelant Alger, ma toute petite enfance) je te découvre au pied du cèdre, en train de lire *mon propre rêve*. Sans doute un signe indiquant, au sein du rêve même, qu'il avait été rêvé pour toi, pour que tu le lises. Je crois que c'est aussi pour cela que je te l'ai envoyé, et que, maintenant seulement, revenant un peu sur lui, je découvre que je l'avais sans doute rêvé pour te l'écrire. De là la logique profonde de mon premier mouvement.

[...]

1. Propriété des Madonia, près de Forli, partie orientale de l'Emilie-Romagne, près de Ravenne.

- XI -

1964

a.
A la recherche d'un vrai père

[L'ensemble est contenu dans une feuille de format 21 × 27 cm, pliée en deux, portant la mention manuscrite « Rêves ».]

[Dactylographie au verso de la page pliée en deux dans laquelle sont insérés les autres feuillets.]

— Bref coup de sirène dehors. Pourtant pas jeudi, pourtant pas en guerre... mais dans le ciel effectivement des sortes de boudins blancs, puis descendront des quantités de parachutes blancs, ténus, dont certains tomberont tout près de la maison, corolles transparentes... du poison ? je distingue des avions supersoniques aussi dans le ciel

Ma mère (?) a réussi à trouver le bouton de la radio (qui ne marche pas bien) et on parle d'un accord commercial ???

La chute des parachutes continue, j'essaierai de retrouver la radio, mais je n'arrive pas à retrouver la bonne position du bouton... on tient la porte fermée, contre les risques... je verrai un grand avion atterrir près de la maison : son derrière, anus rond, à plusieurs cercles

— Plage en plein air, y aura-t-il du soleil ? j'emmène H. en essayant de la convaincre qu'elle peut en profiter... mais elle n'ira pas avec moi, elle cherchera abri dans une forêt souterraine, où moins de vent – dehors trop de vent

Moi je vais dehors, il y a à la lisière de la forêt des gosses qui travaillent à monter une cabane : une masse traîne par terre que j'ai bien envie de voler... j'irai retrouver H. qui ne se plaît pas tellement, pour lui trouver dehors un endroit abrité du vent

[Dactylographie sur feuillet de format 21 × 27 cm. Comportant des annotations marginales manuscrites, non reproduites ici.]

Mardi 17 mars

(après soirée où j'ai parlé à haute voix devant H. du thème mis en évidence au cours de la dernière séance : que finalement je pense que les choses devraient se situer quelque part dans l'Œdipe, et avoir rapport avec la castration ; que tout se passe comme si j'avais besoin d'en « rajouter », donc de la « rallonger » quand tout va bien, et au contraire d'en « rajouter » en creux quand tout va mal ; que dans les deux cas je serais dans un rapport de refus à l'égard de « celle » que j'ai, comme si j'avais besoin soit de lui ajouter une rallonge pour aller bien, soit de transformer en abîme le manque quand je vais mal, ou pour aller mal)

<u>Rêve :</u>

Mon père officier, grand, en uniforme, va présider une sorte de cérémonie militaire du départ de troupes, départ en captivité.

Caractère extrêmement solennel de la cérémonie, mon père entièrement pris par son rôle, avec lequel il ne transigera pas.

Tout se jouera sur le fait de son refus de faire transporter mes affaires (pour aller en captivité) : les siennes, oui, mais les miennes non, bien qu'il soit mon père : que je me débrouille. Refus inflexible.

J'irai donc préparer mes affaires : qu'emporter en captivité ? j'ai déjà l'expérience, je cherche lainages, chaussures diverses – je vois des chaussures à semelles de bois, mais on nous en donnera en captivité, inutile de les emporter, etc... car on ne peut pas emporter beaucoup de choses... j'emporterai tout un lot de fourchettes [et de] couteaux (je découvre un couvert de camping que je ne connaissais pas, tout neuf, avec fourchette presque sans dents, très courte, palmée), [d']ouvre-boîtes, etc... Puis quelqu'un (ma sœur) prépare de la nourriture, des sortes de boudins, au moins la forme car ce sont plutôt des gâteaux, qu'on va couper en morceaux pour que je les emporte).

(cette partie est peut-être postérieure au reste du rêve ?)

Mon père ne voulant pas m'aider, je quitte les rangs pour emporter mes affaires... ma mère affolée accourt alors et me rejoint, en me suppliant de ne pas faire ça... je persiste : voulant emporter au moins mes affaires jusque chez « Cézanne » – nom comme ça – où mon père devra passer de toute façon...

[Dactylographie sur feuillet de format 21 × 27 cm.]

29-30 mars

— un cheval... que mon père possède, et que j'enfourche, avec lequel je vais descendre des marches d'escalier (crainte qu'il ne chute – mais non), j'attendrai en bas, le cheval : sa tête qui est sous ma main, chaude, affectueuse, comme s'il me connaissait (je crois que j'attends, et m'impatiente, parce que la famille ne vient pas, ne suit pas...)

— ski : je conduis tout un groupe, dans lequel ma sœur (et d'autres filles ou femmes) arrivées au haut d'une pente, descend[ent] : je me trouve devant un bout de pente où je vais pouvoir glisser vite... pente pas trop accentuée, juste ce qu'il me faut, le peu de pente qu'il faut pour que j'accepte de me lancer... et dans le rêve j'irai alors plus vite que ma sœur, les autres, etc. Puis : comment descendre dans le creux de la vallée : il y a une rivière, je préviens : faites attention ne pas croire que la neige sur la rivière (petit cours d'eau, sorte de ruisseau) tiendra, elle s'effondrera et vous vous mouillerez les pieds ! passer à côté, sans traverser la rivière – mais buttes à surmonter, passage pas facile par là.

31 mars

Nous sommes en voiture sur une sorte d'autoroute, pour sortir de la ville, aller en vacances à la campagne ? à gauche une sorte d'immense maquis, ras, impénétrable, poussiéreux… Je trouve une route de terre à gauche, qui mène dans le maquis… possible peut-être de trouver où se loger ? De fait un groupe de maisons, vieilles, sordides, je cherche des écriteaux, il doit bien y avoir un hôtel, [des] pancartes, non pas d'hôtel, [ces] maisons sordides, enfants, tout est sale (je cherche en me disant quelque chose comme : si jamais on trouvait, on ferait des économies…) groupe de maisons prisonnières du maquis, plus loin, une sorte de grande autostrade en pente en cuvette sur les bords… je croyais une route, c'est un conduit pour l'écoulement des eaux… rien à faire, d'ailleurs des maisons on entend le bruit de la circulation sur la route : je retourne en arrière.

1er avril

Bribe de rêve : je suis avec quelqu'un, et je vais le pousser à aller chercher dans les tentes des indigènes – indiens ? – des vêtements, leurs vêtements, pour nous, sortes de vêtements coniques semblables à [des] tentes coniques…

[Dactylographie sur feuillet de format 21 × 27 cm.]

Jeudi 2 avril

séance avec Laurent [Stévenin][1] cet [après-midi]. Rien ne se passe. Je répète le long rêve et n'arrive à trouver que des éléments de structure qui crèvent les yeux. Sauf peut-être une ou deux choses : que le comportement de mon père y est différent du comportement réel : il reçoit des gens... puis il couvre ma mère de cadeaux, lui fait une chambre de luxe, et se contente d'une sorte de cabanon en planches de rien du tout.

Comment relier cela avec tout le reste ?

L'inquiétude pour ma sœur semble avoir tout bouleversé.

Le rêve porte sur les *réserves* de mon père, on les voit, puisque je vois ses constructions et son chantier – pétrole – où il travaille et qui lui donne ces revenus... donc de ce point de vue le rêve indique que mon père *a des réserves* dont on peut profiter, dont il

1. Laurent Stévenin, analyste qui eut Althusser comme patient de 1947 à 1964.

fait profiter ma mère (et nous : je pourrai avoir une chambre au-dessus d'eux) et qui permet les excès de ma sœur... donc *à couvert* (est-ce la révélation d'un vœu ? que mon père ait ces réserves qui nous mettent à couvert ? ou est-ce une nouvelle image du père qui se forge dans ce désert ?)

L'étrange chambre de mon père : chambre de fortune, sorte de bains (plage... Venise ?) exiguë en diable, et qui a servi à emprisonner un prisonnier... geôle et chambre en même temps, dénuement de la chambre de mon père... et son rôle de geôle en même temps. Ce serait alors l'autre côté ? Celui par lequel il n'a pas de ressources pour lui ? sauf à y emprisonner les gens ? son dénuement exigu... cette cabane en pisé et en même temps prison ?

mes actes manqués : gestes agressifs aventurés [*sic*] ou ironiques – agressifs, que j'essaie de *reprendre*

le coup du lance-pierres qui ne marche pas parce que le caoutchouc est fait du corps d'un mollusque (puissance de jet du lance-pierres et la limace au lieu d'un caoutchouc bien bandé)

j'occupe une drôle de position dans ce rêve

craintes qui y sont rassurées (argent, ressources) mais en même temps gestes manqués à rattraper, puis cette impuissance du lance-pierres...

aussi tout le côté *caché* de la famille : ne pas s'inquiéter pour eux, ils ont leurs ressources ? C'est eux qui me cachent des choses d'eux.

Je me demande si la clé du rêve n'est pas ceci : que mon père c'est moi. D'où la maison en planches-pisé, cabane miteuse et prison, cabane exiguë, etc. A côté des travaux d'agrandissement entrepris dans les bâtiments... le contraste

[Dactylographie sur feuillet de format 21 × 27 cm. Le texte comporte des annotations marginales manuscrites, non reproduites ici.]

— Suis à Laroche : ma sœur me montre la maison. Elle a été changée, rehaussée à mi-corps (on a rajouté une sorte de premier étage intermédiaire, avec enduit qui retombe par-dessus comme pour le cacher). On a rajouté hautes cheminées d'angle en bois, armatures de poutres, comme dans maisons de style normand ?

Je dis à ma sœur : je ne suis pas d'accord. C'est disproportionné, d'une part, et d'autre part *ça ne se voit pas*, la maison est maintenant trop grosse-grande pour être vue de l'entourage, petites rues sans perspectives, je cherche quand même si on peut la voir d'un endroit. Non.

— en cherchant ce point de vue, je découvre qu'on a changé bien autre chose que la maison : on a modifié les petites rues. Puis je découvre derrière des constructions nouvelles, donnant *sur la mer*, une sorte de carcasse vide, en forme d'aqueduc avec des arches, inachevée, comme si c'était une construction *en attente*, dont on pourra faire quelque chose quand on pourra la finir (au-dessus des arcades, il y aura, je m'en aviserai plus tard, un canal-piscine, très haut)...

— puis je découvre au milieu des bâtiments, face à la mer, une demeure d'habitation, où je pénètre, toujours sous la conduite de sœurs (j'en ai plusieurs) (plusieurs sœurs et frères méconnaissables, dont une enfant morte – mes parents seront presque *inconnus dans leur vie, qu'ils m'auront cachée*, je la découvrirai, tout se passe comme si je la découvrais...)

— la maison d'habitation est somptueuse, je la visite en étant situé tout en haut, dans le calice d'une sorte de pilier-quille en bois lisse (foncé) simplement posé par terre : je suis en haut dans le calice, je ne puis descendre seul, sinon en faisant pencher la tige-calice vers les murs, trop haut pour en descendre, appeler ma sœur, il faut une clé ? échelle ? lumière ? pour en descendre... pas ma première sœur, qui n'est plus là, mais l'autre...

— la chambre de ma mère, que me montre mon père, donne directement sur la mer (j'ai vu le paysage avant : côte marine découpée, de toute beauté, il y a une maison en contrebas, ne gênera-t-elle pas ?). La chambre de ma mère donne sur la mer : elle est prolongée vers l'eau par une antichambre où vient mourir l'eau de mer, va-et-vient sur des *madrépodes* de toute beauté, de couleur, incrustées dans le rocher-ciment du sol. A l'intérieur de la chambre des sculptures en marbre noir.

— mon père a aussi sa chambre – mais elle n'est pas à côté, elle est dehors, en plein air, et c'est une vieille petite bâtisse de rien du tout, entrée au milieu, et des deux côtés des réduits minuscules, à droite et à gauche : gauche, lavabos, à droite (comment y entrer tellement c'est exigu ?) un lit, le lit de mon père. Le tout en état misérable, plâtre italien rose clair, vieux : on y a enfermé *le prisonnier pendant la journée* (donc double emploi de la chambre)

— entre-temps j'ai changé d'avis sur la situation de mon père (il s'appelle Roger de son prénom, gravé sur des boîtes de souvenirs dans la chambre de ma mère, qu'il a manifestement gâtée, lui faisant des tas de cadeaux) : je pense et dis : c'est magnifique ! (ma dispute du début avec ma sœur a cessé, sur les modifications de la maison)

— mon père reçoit beaucoup de monde, dont plusieurs élèves de l'Ecole, qui sont là, des officiels, anglais et polonais. L'un d'eux, gaulliste, se dit épuisé par son service (il a un air fou). Je le mets en boîte en lui disant qu'à l'Ecole nous sommes épuisés par l'anti-gaullisme (son service : les problèmes de la lutte contre l'*incendie*). Hélène intervient en prononçant une phrase assez vive, qui rabaisse de Gaulle – puis la corrige en citant de Gaulle lui-même (j'ai eu peur)

— je me dis qu'au-dessus de la chambre de ma mère il doit y avoir un étage avec d'autres chambres, qui seront *plus haut*, et d'où on verra mieux la mer (car dans sa chambre, à part l'eau qui vient vers elle, il y a un barrage, sorte de piliers industriels qui barrent l'horizon)

— près de la chambre de mon père, qui donne aussi sur la mer, il y a [une] grève pleine d'oiseaux de mer, oies, etc. je trouve un tire-boulette, et veux m'en servir sur les oiseaux : le caoutchouc *cassera*, après des essais infructueux : il *était fait du corps d'un coquillage, mollusque, sorte de limace*

— Pierre Gaudibert[1] me dit qu'un homme est là, gros rond (il lui ressemble) qui me « déteste », pas possible ! d'ailleurs il ne semble pas me détester

— j'ai auparavant été aimable avec les enfants de mon père, commençant à dire : avec toutes vos petites fesses, qu'est-ce que vous faites ? je vois que ma proposition est saugrenue, et je me rattrape en disant : vous pensez avec elles ! on peut penser avec ceci ou cela, je prends des exemples : avec quoi pense le... (animal ?) : avec le nez. Et tel autre ? Avec l'œil, avec la main, etc. Et toi, enfant, avec quoi ? etc.

— toujours dans cette atmosphère de réception, je vais, en descendant l'escalier vers un ami X et sa

1. Historien d'art (1928-2006), ami d'Hélène.

femme, à qui je vais faire un peu la cour en lui disant qu'elle « fait l'oiseau ». Là encore propos à rattraper… je vais le rattraper en disant que moi aussi je fais de même : et devant Hélène qui vient (elle est plus grande qu'en réalité, plus forte) je me mets à lui faire la cour (à Hélène) en *faisant le chien*, en aboyant

— Un moment plus tard, je verrai mon père au milieu de sa banque, de son chantier, belge : on cherche à y installer le pétrole qu'on y a trouvé : une balle (en fer ?) qu'il s'agit de bien placer… Je dirai à mon père : mais cette mine, cette banque, où tu travailles (encore, bien qu'à la retraite) elle vaut cher ? 14 fois Renault… Mon père gagne donc plus gros qu'avant… ma sœur avait donc raison de le traiter avec violence et de lui dire : *vends donc ta baraque !* Alors tu es riche, lui dis-je : oui, plus qu'avant, mais par principe, je n'en fais pas état, il faut être réglo, serré avec ta sœur, etc.

avant ce rêve : épisode de voyage en vélo avec Paul[1] vers l'Espagne.

Je m'aperçois en montant en escalier que je n'ai pas de lumière à mon vélo – alors qu'un Portugais en a.

J'essaierai d'en acheter, en deux temps : d'abord on me vendra un tas de cire en boule avec mèche, comment le porter sur le vélo, sur le bras ? et empêcher

1. Paul de Gaudemar (1919-1995), sociologue, ami d'enfance de Louis Althusser.

que la mèche ne s'éteigne ? puis je me résoudrai à aller dans un garage, pour qu'on m'installe un circuit normal (plus cher)[1]

Puis je m'apercevrai que *je ne puis plus partir* : le Directeur pas prévenu. Toi non plus, Paul, car il faut plusieurs jours pour aller en Espagne.

1. Ajout manuscrit au stylo à bille bleu de ces deux derniers mots.

b.
Vie de famille

[Ensemble enveloppé dans un projet de lettre de Louis Althusser au directeur de l'ENS, daté du 2 juin 1964.]

[Manuscrit sur feuillet de format 21 × 27 cm, coupé en deux, écrit au stylo à bille bleu. Deux paragraphes avec de nombreux passages illisibles ont été supprimés.]

— dimanche 10 mai : aménager un appartement plus grand (neuf) avec une personne supplémentaire (femme, forte, assez grosse qui « tient de la place ») dans l'Ecole. Il y aura ainsi toute la famille et moi et elle (elle ressemble à une Dominique Desanti[1] *en gros*)

dans un angle je récupérerai une fenêtre pour en faire une pièce. Restera le problème intérieur des communications ?

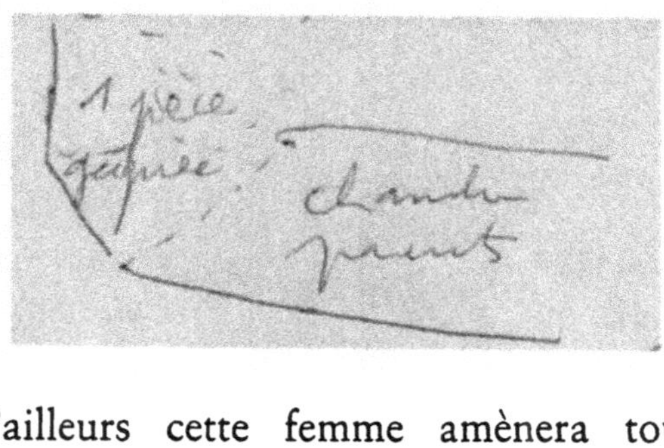

— D'ailleurs cette femme amènera tout « son monde » dans la maison, chiens, amis, amis d'amis,

1. Ecrivaine, journaliste, très active dans *La Nouvelle Critique* communiste, épouse de Jean-Toussaint Desanti.

et elle envahira *tout* par sa simple présence, dès qu'on l'aura admise.

— se posera ensuite le problème essentiel sur lequel *je ne céderai pas* : la peinture du bateau = tout dedans aura beau être style 1900, marbres, pendentifs de décor, etc... c'est moi qui choisirai la couleur, en dehors de toutes conventions = un vert pâle comme fond – je discuterai avec le marchand de couleurs, qui me propose des teintes classiques [, du] marron – je ne veux pas – car il n'a pas de vert pâle – mais il a du *rose* clair qui irait. Je choisis cette couleur en pensant au *reste* à peindre = le bout du navire.

[Manuscrit sur feuillet de format 21 × 27 cm, coupé en deux, écrit au stylo à bille rouge.]

12/13 mai. Toute une série de rêves

épisodes euphoriques (comme hier où accompagnant F[ranca] à la gare, j'arrive en retard je vois le train partir, je saute avec elle sur le dernier wagon (une pièce de bois) et reste avec elle alors que c'était *imprévu*, j'accepte l'imprévu).

Cette fois je rejouerai au foot avec élèves ou anciens élèves bien que plus vieux et genou faible, toujours heureux de mes démonstrations, je traduirai un télégramme tchèque qui publie une photo et mon nom avec celui d'un autre comme deux vainqueurs d'un match de foot important en expliquant, en diminuant l'excès de mon rôle – et quand il s'agira d'une épreuve d'histoire à passer (cette vieille terreur des rêves de concours) je m'apercevrai que je puis le faire passer sous une autre rubrique : je permettrai à mes collègues de faire passer sous une autre rubrique des dépenses de Labos pour avoir des crédits, etc...

Avant il y aura eu un rêve où, après une manifestation populaire (violente), je me retrouve avec des anciens élèves qui de leur côté ont manifesté. Je reviens d'une vallée où... j'aurais organisé les manifestations. Ce n'est pas exact mais ce n'est peut-être pas faux après tout... bref je suis accueilli (*et Hélène aussi*) comme celui qui a su voir, prévoir, organiser la manifestation là où il fallait – quand il fallait – etc. Joie de retrouver (contact physique) Laugier[1] et Miller[2] (je réfléchis qu'ils ont été maître-élève...) puis on va manger, organisation du repas, victuailles à acheter, etc... toute une cérémonie collective dont je suis dispensé (ayant fait ce que j'ai fait, je me laisse accorder ce privilège) atmosphère sensuelle diffuse : une sorte d'accord spontané se fera pour le temps à passer avec Hélène et le temps à passer avec Franca (trains)

... rêve avec F[ranca] (plus jeune). Dans le champ du propriétaire, elle a mis à jour et à l'air des *poires* qui s'enfonçaient sous terre et y auraient pourri : on a donc le droit de les prendre sans col : sorte d'agglomérat très pur, gélatineux, propre, couleur *rouge*... propre malgré un peu de terre. On peut les prendre sans voler puisqu'elles eussent été perdues autrement. On rentre et il y a attroupement ? Le vétérinaire est venu pour un chien ; il n'a rien pu, le cadavre pend (ouvert, comme

1. Jean Laugier, normalien lettres, promotion 1954, professeur de latin à l'université Bordeaux III.

2. Jacques-Alain Miller (né en 1944), psychanalyste. Normalien promotion 1962, élève d'Althusser, il est devenu le gendre de Jacques Lacan et son héritier.

un bœuf) contre le mur. On verra plusieurs cadavres ainsi : après tout, une solution ? J'entre dans la boutique et achète des *petits bouts* de pain de différentes grandeurs (je plaisanterai avec la petite de la boutique mais ils auront la même valeur que *tous [les] autres objets* qui sont là)

— (comme quelqu'un qui verrait s'ouvrir devant lui un don – un jardin de figues et à qui on dirait : prenez-en autant qu'il vous en faut – et qui s'en *bourrerait* jusqu'à avoir dépassé la *mesure* : tomberait malade d'avoir été – libre – aurait à payer cette dette)

[Manuscrit sur feuillet de format 21 × 27 cm, coupé en deux, écrit au stylo à bille rouge.]

15/16 mai

— ah, si ma mère n'avait pas rejeté cette maison, le problème de la maison serait résolu ! Je suis à Laroche et je retrouve la maison en me demandant plus ou moins si je ne pourrais pas la *racheter* à ma tante... mais je découvrirai que la vieille maison a été vendue à un paysan de l'endroit tout récemment, et qui s'y installe (il y a toutes sortes de vieux objets – outils sur les murs – et je me demande si je ne pourrais pas en dérober – lui ignorant leur valeur) (je vois le dessous du plancher : comme la maison est solide, bien ancrée, et simple à entretenir – poutres fortes, peu de frais). Lui me montre un de ces outils, qui me donnera en même temps la preuve de son projet de propriétaire : un pistolet à jet pour peindre, qu'on sort de sa gaine avec effort, car elle est rudement serrée (corps du pistolet puis finesse du pinceau au bout)

donc rien à faire – trop tard – si je sors dans les rues avec Hélène ou ma sœur (?) – incident typique avec bande de gosses qui se moquent de moi. J'en saisis un pour le forcer à se démentir, par la force (pas de pitié) puis promenade dans le village – ville avec grande désinvolture. Episodes essentiels :

1) paire de skis pantoufles en devanture. Réclame que je vais prendre et chausser, sans les payer (il y a de la neige), skis en *espadrilles* (dits américains) pas chers

2) je vais perdre de vue H. ou ma sœur les devançant – et alors où les retrouver ? [retourner] à ma voiture ? Refaire le chemin à l'envers ?

3) ces skis : personne ne m'a vu les prendre, les voler – mais je vais m'arranger (mauvaise conscience ?) pour en demander dans un magasin qui n'en a pas – de telle sorte que je serai alors *repéré*.

4) La nuit est venue, sur la route, toujours en ville, des *clochards* allongés à même le sol (certains couchés *comme pour être écrasés*, faisant corps avec la route – j'associe immédiatement avec la dépression – suicide dans le sommeil) mais ils sont au milieu, l'écartement des roues suffira à les protéger – épisodes érotiques entre eux : l'heure de leur masturbation, ils s'entraînent, couchés, tout le monde peut les voir, on leur doit, l'un demande à l'autre de déboutonner sa culotte, l'autre le branle, etc., en public. Ils y ont droit *eux aussi*.

Même nuit : rêve sur la mise en place d'une nouvelle équipe de Labo à l'Ecole. J'organise le tout avec deux-trois naturalistes pour faire des expériences sur *des plantes* particulières (fleurs, arbustes) : des plantes qui *se souviennent* – pour étudier leurs « *ab-réactions* » (jeu de mots, dans le rêve même, sur *réaction* chimique et *ab-réaction*).

J'aurai le concours d'un patron naturaliste. Il y aura sa machinerie, mais il faut au moins un aide-labo pour laver les éprouvettes (le patron naturaliste, qui est jeune, râle).

Alors je vais (il est midi, l'heure du repas) chercher à tout prix, dans différents services de l'Ecole un aide-labo. Je demanderai à Dieulafoi[1] qui ne dit pas non, mais on me renvoie à Martin et de là à une femme (qui fait des histoires, j'entre dans une *grande colère*) (je téléphone dans [les] cuisines où on m'offre de quoi manger – je refuse, n'ayant en tête que ce problème)

et quand sans savoir si j'ai réussi je remonterai sur les toits, grandes affluences, les expériences en cours, des fleurs, feuilles, etc... les hypothèses se vérifient...

et en même temps on me dit que *tout le monde est contre moi, que tous les autres patrons m'accablent*, me rendant responsable d'avoir mis du désordre dans l'Ecole, etc...

J'ai déchaîné hostilité générale tout en réussissant.

1. Personnage non identifié.

[Manuscrit sur feuillet de format 21 × 27 cm, plié en deux, écrit au stylo à bille rouge.]

16-17 mai

— dans une rue qui est placée sur une Butte (très haut dans le ciel) je vais être *attaqué* par une vieille femme, malade, folle, etc... qui va briser puis vider sur moi un flacon contenant un remède qu'elle vient justement d'acheter chez le pharmacien de la place → tout mon vêtement abîmé. Mais je sais ce que c'est : crise de malades, elle n'est pas responsable, aussi – alors que je pourrais réclamer auprès du pharmacien qu'il me fasse laver mon vêtement, je ne ferai rien, je prends sur moi les frais (les vrais responsables : les médecins qui ne savent pas la soigner) – ensuite l'épisode de violente attaque-horreur va se reproduire comme autant de *crises, incontrôlables*, sur d'autres passants – puis se formera tout un attroupement : je ferai tout mon possible pour que cet attroupement (de jeunes surtout) ne soit pas agressif, je les préviendrai : maladie, crise en... effectivement devant les crises ils n'agissent pas agressivement. Pendant ce temps je puis aller rejoindre X, une jeune femme que j'aime (mélange de *H.*, de Franca ? de ma *sœur* ?). Un dernier épisode au moment de quitter les lieux éclatera entre cette femme et l'*autre* (ma sœur ?) – mais je serai rassuré en voyant que l'*autre* supporte bien le choc, *sans faire de mal à la femme folle* – malade par son attitude.

— La fin du rêve mêle ce thème à un second thème : justement une composition de *thème latin*, fait pour une *jeune correctrice* (qui s'identifie à *l'autre* femme du premier thème), le thème peut avoir lieu, la composition se faire malgré les circonstances... je donnerai le signal et *prendrai sous ma protection la correctrice* : on ramassera les copies *demain*, et je me demande si je n'ai pas fait de fautes graves, et à la fois je m'aviserai que, comme on n'a pas encore rendu les copies, on peut *se relire*.

— (même nuit = avant = rêve où je reçois un télégramme de Claire : comme un ultime appel, je puis la revoir si je lui réponds. Or je laisse passer le temps, il est déjà tard... je finirai par l'inviter, mais chez moi il y a Paul et Many[1] : Many me critique, je lui réponds par un mot pour mot très dur, ce scandale qu'elle [a] de me critiquer !

Pour le repas je prendrai une ou deux bouteilles de mon très bon vin : on a dû déménager ma cave... oui mais au lieu de la déménager on l'a *vendue* ! Qui a fait cela ? Quelle autorité ? Je suis furieux, j'*attaquerai* en justice... je le dis à un petit négociant, voisin, qui reconnaît que c'est lui qui a acquis mon vin : il me le rendra, il a voulu, dans quelques bouteilles, y injecter un peu de « Japon » [*sic*]... pour améliorer le vin. C'est un brave type, on s'entendra.

1. Epouse de Paul de Gaudemar.

[Manuscrit recto verso sur feuillet de format 21 × 27 cm, plié en deux, écrit au stylo à bille rouge.]

17-18 [mai]

(fin d'un rêve extrêmement compliqué où je suis avec une jeune fille (femme) qui se débrouille toujours mieux que moi) à l'étranger... on m'a volé mon portefeuille, passeport, visa, etc... c'est en Allemagne près de Kiel (?) et il s'agit de rentrer en France : je vais voir le chef de gare, ça ne va pas être facile, je le sais, et, pourtant on me délivrera assez facilement passeport de remplacement plus somme d'argent correspondante, etc... mais me faisant remarquer que c'est un passeport « non accompagné » ce qui me fait perdre toutes sortes d'avantages (on peut me refuser de monter dans un train, etc...) je pars quand même, ville survolée très haut en train – puis s'agit d'arriver à Augsbourg... en cours de route j'apprendrai que toute ma famille (un groupe) du compartiment voisin s'est suicidée en *remplissant d'eau* le compartiment et en y pénétrant du dehors par les WC... j'ai moi aussi couru le même risque... non je ne me tuerai pas... à la fin du rêve je suis avec H. et avec une autre fille – les choses s'arrangent sans rien dire.

— un autre rêve où je faisais à H. de vifs reproches pour les effets de ses comportements – non pour ses comportements mais pour leurs effets (comme [s'ils] dérangeaient l'ordre accepté)

— la guerre – notre héroïsme, la première nuit (monter la garde autour d'une fortification)

puis le matin... H. arrive avec une autre unité (autrichienne) elle me voit avant que je ne la voie. Je fais semblant de l'avoir vue... on l'a assez bien reçue (sauf que ça fait tout de suite *repérée comme femme*, et on lui a donné un nom qui veut dire « retournée ») – je l'emmène à mon camp ; accueil correct mais réservé de mes meilleurs copains : je pars faire dans le pays dans [un mot illisible] des *provisions alimentaires* (pour la guerre) *achetant le meilleur* dont des *figues*, du *vin de Grèce*, etc.

Puis prévoyant récipients pour [la] guerre (un pour H., un pour moi)... lui donnant à elle le meilleur.

[Manuscrit sur feuillet de format 21 × 27 cm, plié en deux, écrit au stylo à bille rouge.]

24-25 mai

Belgique ?

Restaurant – les prostituées…

— on va chercher à manger après (il y a un discours d'une mère maquerelle qui dit qu'on les paie plus cher… 1 500 frs) je laisse l'argent, après on va chercher à manger (en face petit restaurant mais pas assez), prendre le train vite

J'arrive in extremis pour le train 17 heures Paris (on m'attend à Paris) et on nous y donne quelque chose à manger.

— discussion avec Algériens qui insistent sur leur provincialisme (d'Alger, d'Oran, etc…) Je dis : ce sont des mots d'ordre des colonialistes. Vous devez prendre le *contre-pied* et dire que vous êtes de *partout*, semblable à *qui que ce soit*, homme comme tous les hommes, etc.

Nuit – Marseille

— voiture arrêtée en plein carrefour pour demander de l'aide à une auto – il m'embarque dans sa voiture plus puissante que la mienne. Je suis pris et ma voiture et H. ou Geo[rgette]... dedans ? – gangster... je suis sans moyens d'action

— à la fin tout se renverse : le gars accepte que je retourne avec sa femme au carrefour avec ma propre voiture une fois qu'il aura atteint son objectif = effectivement je retourne : problème = ma voiture aura [un] procès-verbal ? *non rien*. Il faut alors que je *me change* (de vêtements ?).

— un autre épisode : où l'on veut nous obliger à renvoyer *tout* notre équipement

je proteste avec un ami : *je garde certaines choses essentielles*, un carré imperméable entre autres et deux-trois vêtements. Je fais le paquet en conséquence et *qu'est-ce qu'ils pourront dire ?* (on voulait que nous envoyions tout comme si nous devions <u>*tout*</u> envoyer – comme si nous n'avions droit à rien)

[Manuscrit sur feuillet de format 21 × 27 cm, coupé en deux, écrit au stylo à bille rouge.]

27-28 [mai]

— On retrouve (un autre que moi) une tête fossile de bête ayant dans le prolongement des yeux des portions de *canon* (comme fusil à lunette) pour tirer

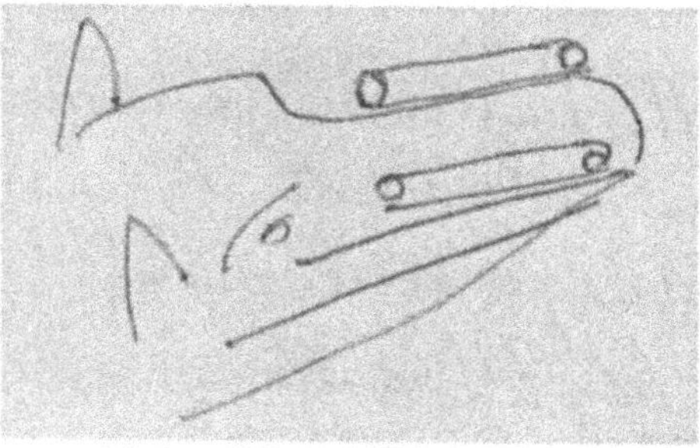

— Tanger – On est sud/Espagne, si on allait à Tanger acheter choses en passant ? Oui, Tanger proche. Je suis hésitant : toujours ce besoin d'acheter des choses à bas prix... faire une « occasion »... mais quand même, si la douane laisse passer (s'en assurer)... besoin d'un visa : on n'ira pas dans ma voiture mais dans celle d'un jeune Américain (lui, responsable). Aux visas, sorte d'acte manqué : mon visa figure dans un dossier avec de l'argent que je pourrais prendre, dérober – pas mon argent – je ne le fais pas – et après cherchant mon visa (billet) je ne le trouverai pas.

— avec H., j'attends vainement ma sœur qui devrait être là, pour l'emmener manger avec nous. Elle tarde, tarde… accident ? quoi ? finalement elle arrive, je la trouve au bas de l'escalier ! Elle a failli se faire violer par un taxi (dans un taxi ?) et s'est fait prendre la main dans la machine à laver (la mécanique est là) on a dû recoudre-opérer…

[Manuscrit sur feuillet de format 21 × 13,5 cm, écrit au stylo à bille rouge.]

29-30 [mai]

Laroche

— dans le fond du jardin, incident grave avec grand-mère : elle se met, sans prévenir à déplacer (par les tirants (limons)) une lourde charrette en panne, que je travaillais aussi à débroussailler : de la sorte elle a failli me blesser et m'a coincé – colère.

— Dans la maison de Laroche je reçois un coup de téléphone de Boni, ou Bori, qui a l'air de très bien me connaître : je n'arrive pas à l'identifier : il me parle de ma venue, de mes amis qui m'attendent, de filles, etc. comme me faisant reproche d'avoir *tardé*... mon père interrompt constamment, se moquant de moi, m'empêchant d'entendre, de parler, etc. A la fin je fais une scène terrible lui reprochant son comportement impossible : puisque c'est ainsi *je m'en vais*, je mets une canadienne contre la pluie et je sors de la maison (consternation générale) : (je ne suis pas entièrement sûr de *partir*).

[Manuscrit sur feuillet de format 21 × 13,5 cm, écrit au stylo à bille rouge.]

30-31 [mai]

J'ai pris le volant de la voiture de mon père pour faire un voyage familial dans le Midi. Je ne sais pas conduire cette voiture, pourtant ça va à peu près et je dis même, satisfait, que finalement ça n'est pas si long que ça d'aller en voiture dans le Midi... puis nous arrivons dans une ville, alors [les] difficultés vont commencer : beaucoup de voitures, sens interdits, agents, etc... puis tout d'un coup j'aperçois Van Regemorter[1], il court, je lui fais signe et arrête la voiture (l'inviter à venir avec nous ?). Un agent me fait signe que je ne peux m'arrêter, je vais plus loin, suis une sorte de tunnel où il tolérera que je m'arrête. V[an] R[egemorter] vient, on parle, que fait-il dans cette ville ? Il s'ennuie ferme. J'ose – je n'ose pas l'inviter à venir avec nous, monter derrière ? déjà plein. Là-dessus j'essaie de redémarrer – et mon père va me reprocher en termes vifs d'user la mécanique

1. Jean-Louis Van Regemorter, normalien lettres, promotion 1947, mort en 1999, professeur de civilisation russe à l'université Paris IV.

fragile de la voiture (par mes arrêts initiateurs) de faire sauter « le relais » (une pièce) du moteur entre frein et vitesse.

[Manuscrit sur feuillet de format 21 × 13,5 cm, écrit au stylo à bille rouge.]

1-2 juin

Je reviens chez mes parents harassé d'une longue marche... il y a Gurvitch[1] avec eux qui parle... occasion de le rencontrer, il doit avoir entendu parler de moi, cela peut m'être utile d'être connu de lui. Aller me changer, ou me débarrasser de vêtements sales, marqués par le travail que j'ai fourni (?) et alors je m'aperçois que ma mère et ma sœur ont *refermé l'accès* à l'endroit où l'échange peut se faire (accumulant tessons de bouteilles, ordures, etc...) je suis furieux, je vais, viens et ne pourrai voir Gurvitch. (Je suis épuisé)

... j'ai choisi toute une série de *colliers, bracelets* – (colliers, catalogues, comme *photos*, d'allure érotique) – pour les offrir... Je vais les montrer à mon père... ce qui entraînera la conséquence suivante : que les colliers seront de nouveau parmi les colliers du marchand chez qui je les avais achetés... Résultat : il faut

1. Georges Gurvitch (1894-1965), d'origine russe, un des fondateurs de la sociologie française contemporaine.

les récupérer, le marchand va-t-il accepter, ne va-t-il pas dire que je les ai *déjà pris* ? Il est de bonne foi : il accepte ce que je lui dis. Alors le problème est de *retrouver* les colliers achetés. J'ai en poche deux listes mais je ne suis pas sûr qu'elles soient les bonnes : le marchand me reconstitue mon lot d'après ces listes… il me semble qu'il en manque… aller chercher le reste… je traverse une boutique pour aller chercher quelques bijoux pendentifs de couleur – et dans la boutique on fait des photos de petites filles et femmes quasi nues ou avec du tulle transparent sur le corps, le sexe visible… Idée que le marchand doit être au courant : je pourrais lui demander à voir ces photos.

[Manuscrit recto verso sur feuillet de format 21 × 27cm, plié en deux, écrit au stylo à bille rouge.]

2-3 juin

— avec H.

— route, à gauche, des champignons en masse, je vais voir si par hasard [il n'y a] pas de *cèpe*.

— La pente se transforme en une superposition de gradins très petits et escarpés où sont exposés des objets d'art à vendre. Aider H. *à descendre* – moi-même j'ai le vertige : il faut descendre du devant ou de dos (comme échelle ?), crainte de perdre l'équilibre.

— Je suis avec les femmes (famille ?) à l'église, elles me désignent un siège : non je n'accepte pas qu'on me le désigne, je prendrai celui qui me convient, au risque de faire scandale en occupant un des sièges réservés au clergé... J'y vais et là exposition d'objets d'art que pour *voir* tranquillement, je vais emporter (voler ?) de l'autre côté. Ce que je fais. Mais situation équivoque : je n'ai pas demandé l'accord de l'exposant... alors je m'arrange pour lui dire habilement que les objets sont là – et que je les rapporte peu à peu. Il montre beaucoup de *reconnaissance* pour ce geste que manifestement il n'attendait pas...

Il y a beaucoup d'objets... le reste je dois le porter à une autre boutique – dans rue d'affaires : je la trouve, il y a deux paniers dans la vitrine : ils sont à la grand-mère de la vendeuse, me les vendrait-elle (pour peu d'argent) pour [les] offrir à Hélène ?

3-4 juin

— épisode où avec H. en Italie nous parcourons en voiture [les] villages de campagne : des maisons en grande partie abandonnées, avec d'anciennes citernes (vides) pour retenir l'eau, car pas d'eau – (ce serait bien, mais peu de vue) – la route passe sur le terre-plein qui se trouve devant chaque maison, il y a des cyprès et des arbres.

Long arrêt à [la] dernière maison : on voit, comme dans les encadrés dans des tableaux religieux, des femmes et bêtes (mulets) aux yeux noirs, profonds : comme des œuvres d'art.

(on ne voit cela nulle part ailleurs) il y a [une] sorte de ruelle ensuite où à même le sol des objets à vendre : je découvre une sorte de cafetière (?) brûlée, noire avec raie bleue verticale au milieu. L'acheter – pas cher – mais est-ce que cela fera plaisir à H. ? (cadeau dérisoire) d'ailleurs il y a d'autres cafetières – théières de même style, mais neuves ou presque – *en parler*

— dans une maison où je m'installe au premier étage je m'aperçois que le feu a pris dans un tas de planches... l'éteindre : pas assez d'eau, trouver un seau assez grand... pendant ce temps des gens (femmes) installent leurs objets (devanture ?) sans prendre garde au fait que le feu est à peine éteint. De fait les poutres d'en dessous continuent à brûler. A éteindre.

[Manuscrit sur feuillet de format 13,5 × 21 cm, écrit au stylo à bille bleu.]

7-8 juin

Après une sorte de fête nocturne, je sors avec Guillermit[1], il est très tard dans la nuit, et je lui montre (c'est tout déglingué) ce que j'avais fait : la pose d'un rail pour un petit chemin de fer d'accès du lieu de la fête – rail posé à flanc d'un mur... Exploit remarquable – mais tout est déglingué – et il y a des gosses qui dispersent tous les éléments : au moins sauver les *traverses* (ou éléments de rail comme au Meccano – petits trains d'enfants – portion de rails qui s'emboîtent) en les prenant avant que les enfants ne s'en emparent. Rivalité avec les enfants qui se jettent dessus et [il] faut se disputer avec eux...

1. Louis Guillermit, philosophe spécialiste de Kant, ami d'Althusser.

[Manuscrit sur feuillet de format 21 × 13 cm, écrit au stylo à bille bleu.]

13/14 [juin]

— avec Paul [de Gaudemar], dans [une] sorte de magasin – retrouver mes chaussettes ?

puis aurai à traverser passage [un mot illisible], rochers, torrents. J'ai une épée à la main. Paul s'engage mal, il fallait *faire le détour* et passer *plus haut* que le torrent pour ne pas y être entraîné.

— danser ? pourquoi pas. Je vais chercher Nicole[1] (plutôt qu'H.)

danse érotique – tournoiement.

1. Nicole Alphandéry (cf. note *supra*, p. 101).

[Dactylographie sur feuillet de format 21 × 27 cm, plié en deux.]

28 [juin]. Fond du jardin de Laroche. Suis avec un homme : mon grand-père ? Il s'agit de planter une plate-bande de haricots : or elle est en partie encombrée (racines ?) je vais l'en débarrasser et étendre la plate-bande, gagnant un grand espace pour les germinations, qui pourront tout recouvrir

29 [juin]. Ma mère fait transformer la maison de Laroche en profondeur, grand espace gagné (je ne pensais pas qu'il y eût tant d'espace – et les locataires ? non, c'est la partie qui nous revient)

30 [juin]. Avec H. ? Train à prendre, qui s'arrête à peine le long du quai : pas moyen de choisir un wagon où il y ait de la place. Monter sans perdre une seconde dans le wagon qui est en face de nous (je monte seul ? elle ou elles ? montent dans le suivant ?) ; pas de place assise

1er [juillet]. Très long rêve, où je parcours tout un paysage, en partant d'une maison (qui est à nous ? où nous sommes logés ? avec H. que nous aurions pu acheter si nous nous y étions pris plus tôt... endroits où il eût été merveilleux d'installer une maison, petite crique, eau limpide, ruines antiques ; non la maison n'est pas vendue mais trop humide, trop dans l'eau, puis en continuant nous découvrons tout un paysage extraordinaire où j'entraîne H. (elle suit parfois difficilement), comme si nous explorions une presqu'île de Saint-Tropez. A un endroit, ce que je croyais être une maison construite est un poste pour alimenter les saumons (oiseaux), vieux poste qu'on remet en service. Plus loin je m'engage par-dessus région couverte en partie d'eau, mais au-delà de laquelle il y a des terres, dans zone proche d'un village. Il y a des oranges pamplemousses par terre, nous sommes suspects, je prends des pamplemousses, suis poursuivi par un enfant...

... après j'apprendrai par Cogniot[1] que je suis candidat député dans la région... étonné, cela m'ennuie un peu, mon nom va être sur les affiches électorales, donc partout, faudra faire des discours... mais tout se résume dans le nettoyage d'un lavabo (c'est au moins le début de l'action !) appartenant à un paysan de cette zone : très difficile à nettoyer car recouvert de matières collantes dures comme de la colle, de très grands efforts, et j'y arrive quand même à peu près, en divisant le travail, les choses les unes après les autres (Cogniot travaille aussi)

---

1. Georges Cogniot (1901-1978), normalien promotion 1921, fondateur de *La Pensée*, secrétaire particulier de Maurice Thorez jusqu'en 1964.

2 [juillet] (vu Lacan le soir)

— suis à la radio et dois chanter une chanson que je ne connais pas... tant bien que mal en suivant quelqu'un qui chante avec moi, en suivant mon accompagnement... puis pause pendant laquelle je renverse la situation en disant l'effet que ferait pour quelqu'un qui ne la connaîtrait pas, l'obligation de chanter la chanson

— avec deux hommes, fonctionnaires de la géographie ou [du] tourisme, en voiture, nous aboutissons devant un village modèle dans les Hautes-Alpes, dominé par une très haute falaise, mais tel que l'on dispose du maximum de points de vue selon les endroits, au-dessus du village où on se place... il y a aussi une sorte d'hôtel, vieux style, qui doit être très confortable et pas cher... occasion pour nos vacances ? on mange...

... (suite du rêve ?) on commande à manger dans une sorte de boucherie, on me sert mais on ne sert pas H., j'interviens...

... (suite du rêve) je commande de la nourriture à emporter, et la paierai avec des pièces de monnaie sans bien savoir les manier, ni ce qu'elles valent ; finalement l'homme à qui je paie m'arrête : ça va comme ça. Je suis tellement furieux d'une chose : le gâteau que j'ai acheté, la jeune fille de l'hôtel en mange les raisins[1].

1. Ajout manuscrit au stylo à bille rouge : « (reproches à St[évenin] : son comportement, y compris *pratique* = reproche au père de ne pas être à la hauteur – cf. Paul) ».

4 [juillet]. Rond-point éloigné dans la banlieue. Comment faire pour aller à Marseille ? Chemin à pied : des enfants, très gentils avec moi me le montrent ; trop long. Je reviens vers le rond-point il doit bien y avoir un tram qui conduit au centre de Marseille ? La plupart vont ailleurs, sauf le n° 6. Le prendre. Peu de place. De plus dois renfiler mon pantalon qui tombe (très difficile exercice de rétablissement en prenant appui sur petits arbustes dans le tram) (puis il y a le public des femmes dans le tram)

— je revois en le parcourant le Lycée du Parc de Lyon (pas semblable à réel) toujours sale, de plus en plus sale, sombre, crasse dans les classes, sur les murs, les bancs, etc. A la sortie, cérémonie Lacroix[1] : je suis le seul à lui dire à haute voix que c'est *son dernier cours*. Il va prendre sa retraite : chez lui une salle encombrée de chapeaux, armures, sorte de penderie géante, avec cartes de visite

1. Jean Lacroix (1900-1988), chrétien, lyonnais, enseigna au lycée du Parc à Lyon et fut professeur de Louis Althusser. Il chroniqua longtemps la philosophie dans le quotidien *Le Monde*. Cf. « lettre à Jean Lacroix » publiée dans les *Ecrits philosophiques et politiques* T.1, Paris, Stock/IMEC, 1994, pp. 277-326.

[Dactylographie sur feuillet de format 13,5 × 21 cm, à en-tête de l'ENS / Le Secrétaire.]

Lundi 6 juillet 18 h[1]

Je rencontre Haar[2], qui a fait un exposé pour critiquer très violemment ce que j'ai écrit ou dit.

cet exposé : des viandes cousues avec des morceaux de tissus de lainage, cousus, imbriqués

Il le montre, le [défait]

— il y a une course [à] pied, [en] ski jusqu'à Versailles... en tout cas Mimoun[3] prend le départ. Si j'essayais aussi ? Je pars à fond de train, craignant de ne pas tenir le coup, puis le problème après, à travers bois dénudés, vallées, etc. sera de prendre le bon chemin... que je ne connais pas.

— avec mon père, à réception américaine, où on doit fêter des anniversaires... un président gros, bonne

1. Date ajoutée à la main au verso du feuillet.

2. Michel Haar, normalien lettres 1958, agrégé de philosophie et professeur d'université.

3. Alain Mimoun, marathonien d'origine algérienne, champion olympique en 1952 aux Jeux de Melbourne.

franquette, met un disque pour fêter les USA : deux ou trois plaisanteries drôles, ne se prenant pas au sérieux, assez réussies... puis disque pour la France, ils ont fait des frais, beaucoup plus solennel, musique de choix, etc... terrible besoin d'aller aux cabinets, je descends à toute vitesse, et vais vers les WC en plein air... or il n'y a que des pissotières, et un seul WC avec porte basse, tout en faïence. Extrêmement étroit. Problème : où attacher mon manteau ? Il y a plusieurs hommes qui ont mon problème. Je finis par y arriver puis entre dans le cabinet à porte : alors je m'aperçois qu'il a bien une porte du côté de l'entrée, mais qu'il est complètement ouvert de l'autre côté, à l'air libre... et qu'en somme tout le monde vous voit... après je découvrirai que dans le camp américain, [il y a] toutes sortes de marchands de friandises les plus diverses et attrayantes, pas chères mais je crois bien que je n'en achète pas.

[Manuscrit sur feuillet de format 17,5 × 25,3 cm, écrit au stylo à bille noir. Ces rêves se trouvaient dans la correspondance d'Hélène à Louis Althusser.]

dimanche 26/7

— un homme (uniforme) vient me voir pour me donner un *cheval* à l'Ecole (un collègue de mon grand-père ou de mon père, qui me décerne ce droit – un papier *violet*, comme faisant partie de sa corporation)

— fier – me distingue – fierté (entrer dans le monde des hommes...) ; supériorité
faudra nourrir le cheval (viande du boucher)
(payé par gens de l'Ecole)
il y a une selle à l'Ecole

— pendant ce temps deux actions se déroulent :
1) je découvrirai des objets du passé dans l'Ecole [un mot illisible] en creusant – et en particulier (je suis le seul à la faire en taillant des troncs d'arbres pour accéder au sous-sol) un tronc couché qui se taille admirablement vu sa cambrure

— trouve objets divers, usage inconnu, longs : genre squelette fusil ou mitraillette

— tous ces objets (y compris un ancien élève mort, dans son costume, avec beaucoup de plumes à l'intérieur du veston) feront l'objet d'un jeu grotesque de la part des autres élèves – à la hauteur de qui j'essaie de me mettre par mes plaisanteries et en faisant toujours remarquer que c'est moi qui ai découvert les objets... (ce qu'ils ont tendance à tenir pour nul)

2) Hélène qui a des textes à taper – je lui offre de l'aider – en tenant compte du fait que j'*ai le cheval*... (je puis recommencer à taper [des] textes, [en] partant du début)

Il y a aussi la modification dans mon appartement à l'Ecole (une partie utilisée par les profs) ; regrouper les pièces (après le cheval ?)

Lundi 27/7

Rêve à plusieurs épisodes, dont : (guerre)

— je m'habille et j'explique comment/pourquoi le costume militaire va conduire à la victoire (?)

— un groupe d'Anglais : chacun prend ses affaires, s'habille le mieux possible (vieux) et pourtant c'est pour aller à la mort – (je suis parmi eux) (faire tout cet effort quand même)

c.
Rêves prémonitoires

[Dactylographie sur feuillet saumon de format 21 × 27 cm. Les passages en gras ont été soulignés par Louis Althusser au stylo feutre bleu en 1984. Les rêves des 10, 11 et 12 août 1964 étaient agrafés ensemble (cf. la présentation de ce volume).]

10 août 64

deux rêves : à deux jours de distance

1) **je dois tuer ma sœur**, ou elle doit mourir, **il y a une obligation impossible à éviter, un devoir, presque devoir de conscience, avant une date ou heure prescrite. La tuer avec son accord d'ailleurs : sorte de communion pathétique dans le sacrifice** (qui me rappelle quelque chose : je ne sais d'où, très lointain, avec une sorte de goût du pathétique communiant... je dirais presque comme un arrière-goût de faire l'amour, comme un découvrir les entrailles de ma mère ou sœur, son cou, sa gorge, pour lui faire du bien : sentiment un peu comparable au sentiment éprouvé en soignant soit ma mère soit ma sœur, soit ma grand-mère (souvenir précis : Laroche, après son attaque), les soignant donc pour leur bien, mais devant pour cela découvrir quelque chose de leur nudité, sexe, poitrine, etc. sentiment d'oblation intense : ne pas voir le sexe comme tel, mais voir l'autre personne malade : je fais le sacrifice de ne pas regarder le sexe comme tel, oblation,

(« je sacrifie » mon sexe, mon désir, etc. à l'acte de salut que j'opère) (je détourne les yeux) (je sais que je fais bien, je sais que je suis dans le devoir : cette discrétion du regard). **Pénétrer dans leur intimité pour les soigner-sauver... très proche du pathétique de la mort-donnée à ma sœur : pénétrer dans son intimité, violer son corps, sa gorge, lui donner la mort (qui la sauvera : qui fera que l'ordre aura été respecté)** pour la sauver-soigner...

substitut d'un acte érotique-sexuel : a la même chaleur affective-pathétique de don que le moment du spasme dans un acte sexuel de type dévouement

je rapproche cela de l'émotion intense, et terriblement traumatisante, de ma première masturbation et surtout de mon premier acte sexuel : comme si je *mourais* dans l'éjection, le souffle coupé, suspendu, et comme si cette éjection était vécue comme une oblation : faire l'amour *pour...* le don du sperme (vie, souffle, halètement)... exactement comme le *don de la mort* dans le rêve.

Je suis lié à ce don de la mort dans une communion avec ma sœur, et c'est pour son salut que je dois la tuer, en pénétrant dans sa gorge avec le maximum de ferveur (comme on soigne un grand malade) (image de ce petit homme que j'ai veillé et vu mourir en captivité)

donner la mort comme un don pour l'autre, en lui faisant le moins mal possible, sans rechercher mon plaisir à moi ou mon bien : réconcilié avec la personne que je tue... affectivement réconcilié, pardonné, bien mieux approuvé, elle consent, dit oui, c'est parce

qu'elle le veut et demande, sait qu'il faut y passer, que je l'aide...

cela : effusion chaleureuse oblative de la mort donnée comparable à l'éjection chaleureuse oblative des premiers actes sexuels. Entre moi et ma partenaire : la mort, ou une image de désastre commun dans la communion de la chaleur.

Je vois bien ceci : cette effusion oblative est une manière de nier le sens véritable de l'acte sexuel, en le sublimant. Si je te fais l'amour, c'est un sacrifice, un don, rien pour moi... ici encore je me *vide* de ma substance réelle, je te la donne.

Je remplace le plaisir par la chaleur d'une effusion sublimée, qui transforme le plaisir en don et en sacrifice dans une communion transcendante à l'acte sexuel lui-même. De ce point de vue : c'est moi qui suis sacrifié (tué) mais heureux de mon sacrifice oblatif

pourquoi dans le rêve est-ce ma sœur que je dois tuer ? Sans doute crainte de tuer l'autre par l'acte sexuel, crainte de tomber par l'acte sexuel dans le domaine de la mort, tenu pour le domaine de la mort par ma mère, sœur, etc... Accomplir l'acte sexuel, c'est tuer (l'image de l'autre, l'image de la mère). Crime dans l'effusion, dans la chaleur.

la seule manière de m'en sortir : avoir l'aval de la partenaire, l'aval de ma mère, qu'elle consente à ce meurtre qu'elle consente à mourir, qu'il soit indispensable qu'elle meure : fatalité de la mort, il le faut... d'où je suis déculpabilisé, et elle mourra de ma main, contente, puisque par là je l'aide, je lui fais un don.

quelque chose d'accroché là : l'acte sexuel = mort de la mère (ou sœur), [plus] ceci : je puis accomplir ce meurtre à la condition que ce soit dans la communion, avec l'accord de l'autre, accord scellé par une obligation inéluctable, à laquelle elle consent.

je la tuerai donc, **avec son accord**, et par son accord (et je ferai de mon mieux) je ne suis pas coupable

[Dactylographie sur feuillet saumon de format 21 × 27 cm.]

11 août 64

second rêve. Il s'agit d'un homme-père qui a tué sa femme. C'est un ami (Bourdieu[1] ?), et nous sommes plusieurs qui l'accusons. A la fin il apparaîtra qu'il a de très grandes circonstances atténuantes, et que nous avons préjugé de sa culpabilité. Me rappelle un mauvais souvenir : à cette précipitation de l'inculpation.
(rêve du 10 août)

11 août : je vais partir en captivité (toujours ce même thème) et je ne suis pas équipé pour cela... je vais chercher (mais le temps passe terriblement vite, et ils sont partis) en grande hâte des sacs ou paniers pour y mettre des provisions, elles-mêmes d'ailleurs en mauvais état. Il y a (quelqu'un est avec moi qui me le montre... qui ? un homme ? Paul ?) suspendu à des patères, tout un équipement appartenant à des pompiers ou une

1. Pierre Bourdieu (1930-2002), professeur au Collège de France, sociologue. Entré à l'ENS en 1951, élève de Louis Althusser, il a présenté un séminaire avec Jean-Claude Passeron en 1963-1964 à l'Ecole normale.

catégorie semblable. Je pourrais prendre leurs pantalons pour y mettre des choses ? A la fin je trouve deux sachets avec une baguette et j'empile les provisions (il y a bien mon vieux sac-valise mais il est mort, troué de partout, inutilisable)

(le curieux de ce dernier rêve est qu'il s'agit de *récipients* commodes pour transporter des denrées. Déjà fait plusieurs rêves sur le départ en captivité, jamais sur le thème des récipients, il s'agissait toujours du contenu : denrées alimentaires. Ici les sacs, je les cherche je n'en trouve pas, le temps passe, je suis en retard, je partirai sans provisions parce que [je n'ai] pas de sacs. Et cette demi-solution de la dernière seconde, quand tout le monde est déjà parti, ces deux sachets, qu'on tient par la baguette, deux sachets de toile, plats, rectangulaires 50 sur 50 cm. Et en grande hâte, moi qui essaie de les bourrer, ne sachant trop que prendre, de nourriture plus ou moins avariée. Tout cela dans une sorte d'accélération de la panique du départ que je rate...)

12 août. Rêve du cheval. Je suis chez des amis à la campagne. Il y a (à eux) une piste de course pour des chevaux. Et un cheval (féminin) qui avait un nom dans le rêve... et j'ai très grande envie d'essayer de monter dessus, et de faire un parcours avec elle... deux problèmes : avoir l'accord des propriétaires (ils sont absents, l'homme doit revenir d'un instant à l'autre, mais il ne revient pas...) et être capable de tenir le coup en montant sur le cheval. On me dit que le

cheval risque de me faire tomber en me basculant par-devant… je crois pouvoir faire face à ce danger… en l'absence de l'homme je me dis que ni vu ni connu je puis toujours essayer. Je m'approche du cheval et le selle (le cheval fait des gestes ou prend des poses qui me facilitent la tâche), on se comprend : comme [si] « elle » était d'accord et consentante et contente que je la « monte ». Double selle que je lui mets (plutôt une selle en deux morceaux). Puis j'enfourche, elle part au trot, puis galop, ça va très bien, et je me surprendrai en train de lui faire l'amour (mon sexe tentant de rentrer dans le sien qui se trouve sur le haut de son dos, à l'endroit des reins)

Ce rêve, pas d'autorisation, liberté clandestine, mais sûr de mon affaire, assez sûr pour tenter le coup. Sûr de ne pas tomber, et le plus net : l'accord, la complicité de la bête, qui dès le début porte un nom féminin (que j'ai oublié) et qui se comporte avec les séductions d'une femme.

- XII -

1967

Un rêve clé

[Extrait d'une lettre dactylographiée à Franca, du 1er mai 1967, publiée dans Lettres à Franca, op. cit., *p. 743-744.]*

[...] J'ai fait, voilà quinze jours ce qui est sans [doute] le « rêve » de mon analyse, le rêve clé, central, le type même du rêve de la « scène primitive » (un lion ayant un énorme trou en guise de poitrine dévorant un lézard dix fois grand comme lui en commençant par la tête) (au sommet d'une colline d'herbe verte et chaude). D[iatkine] est manifestement à son affaire... (Il m'avait dit voilà deux ans, alors que je m'efforçais encore de lui « apporter des rêves » : « ne vous cassez pas la tête, quand on [en] fait deux ou trois dans toute une analyse, des vrais, c'est largement suffisant ! ». J'ai appris depuis que la plupart des rêves qu'on « apporte » sont tout simplement des *réponses* en code à ce qui a été dit dans la ou les séances précédentes.)

[...]

- XIII -

sans date

Rêve intense de sexualité

[Dactylographie sur feuillet de format 13,5 × 21 cm, à en-tête de l'ENS / Le Secrétaire.]

Rêve intense de sexualité, de bout en bout. Suis dans une campagne hors d'une maison, où je reviendrai. Je fais longuement, debout, l'amour avec ma mère nue. Ses seins pendent mais pas trop, elle est mince et de peau brune. Puis sans cesse actes sexuels et course après eux. Dans la maison je poursuis une fille, et lui fais l'amour dans sa chambre. Pendant que le temps passe (le temps de la préparation d'un concours – qui reprend le thème de mes rêves précédents, je bifurque de discipline, dois préparer un autre concours) : mais cette fois je sais qu'Etienne[1] ou Macherey[2] auront fait le travail et je n'aurai plus qu'à recopier. De ce côté donc sécurité, je puis me livrer à la sexualité. J'ai un gros sexe : difficulté à faire l'amour : car il me faut enfiler ce sexe dans le sexe de la fille qui a la forme d'un

1. Etienne Balibar, entré à l'ENS en 1960, il a été un proche collaborateur de Louis Althusser de 1968 à 1979 et l'un de ses plus fidèles amis. Il a été l'un des coauteurs de *Lire « Le Capital »*. Il a publié les *Ecrits pour Althusser* (1991).

2. Pierre Macherey, normalien promotion 1958, il a été l'un des coauteurs de *Lire « Le Capital »*. Il a publié *Pour une théorie de la production littéraire* dans la collection « Théorie » dirigée par Louis Althusser chez François Maspero.

sexe masculin. La fille va et vient, mais je la retrouve toujours et lui fais l'amour, c'est quand même risqué car il y a du monde. Mais je passe outre. Je repars dans la campagne par les hauteurs pour retrouver la maison, je trouve un bon chemin de descente malgré des régions marécageuses. La fille est fragile, presque malade, toujours couchée, je la suis toujours lui faisant l'amour, malgré risques diffus. Puis je découvre que près de la maison, il y en a une autre où tout cela se fait au grand jour, quoique sous menace diffuse car en principe cette grande pièce est une sorte de salle d'attente et on peut y être surpris. J'y entre, trouve d'autres partenaires, et à un moment donné je vois Bloch[1] qui y pénètre la tête baissée : je l'ai vu, m'aura-t-il vu ? Lui aussi donc ?

1. Olivier Bloch, philosophe, normalien promotion 1949, professeur à la Sorbonne et longtemps directeur du Centre de recherche sur l'histoire des systèmes de pensée.

ÉPILOGUE

UN MEURTRE À DEUX

Note attribuée par Louis Althusser à son psychiatre traitant

[Dactylographie sur 11 feuillets de format 21 × 27 cm.]

Ça a été long, long, interminable. Extraordinaire force de la maladie. J'ai rarement vu quelqu'un ayant autant d'angoisse et une angoisse aussi intense autant d'heures par jour et aussi longtemps.

Cette angoisse se manifestait de façons variées... ~~Je~~ Tu vivais des choses terrifiantes pour toi et pour tous tes témoins, dès que tu étais pris de phénomènes confusionnels, qui étaient presque constants. Et dans cette *confusion*, très vite et trop souvent apparaissaient des phénomènes *d'onirisme* – rêve vécu, production onirique, hallucinations oniriques passant telles quelles à l'état de veille, vécues comme réelles en modifiant le travail perceptif (d'où fausses perceptions). Lorsque tu en sortais en fin de matinée (après la terreur de l'onirique) tu étais complètement épuisé, et le reste de la journée tu te préparais au choc de la nuit suivante.

Confusion et onirisme accompagnés de tout un cortège de *phobies* très importantes :

1) La crainte panique d'être abandonné (quand on ~~me~~ te quittait, la fin d'une visite était un véritable traumatisme), terreur de la séparation qui te livrait à

la seule angoisse. Tu avais besoin d'une présence physique, même silencieuse pour combattre cette terreur.

2) Des phobies liées à des maladies corporelles (troubles de la régurgitation, de la perte d'équilibre etc.) et vécues comme très angoissantes, épouvantables : tout allait mal finir.

Pendant toute cette période, où tu étais très malade sous différentes formes, tu as beaucoup parlé d'Hélène. Tu avais des moments de deuil où tu ne supportais pas l'idée qu'elle ne fût plus là, et que tu fusses seul sans elle. Ce n'est qu'exceptionnellement que l'idée du meurtre intervenait. Le plus douloureux était qu'elle soit morte : tu n'organisais pas de culpabilité par rapport au type de sa mort, sauf ~~au~~ par moments, où tu as essayé de reconstruire la scène, et cet effort t'a laissé à la fois fasciné et épuisé : une sorte de fascination dans la réactualisation de la scène, qui te laissait complètement épuisé.

Un jour tu as demandé à Mme M. : « est-ce que je risque de recommencer ? » (sur tes visiteuses). Ta crainte était inconsciemment transmise aux infirmières, qui avaient peur de toi, de se retrouver en danger lorsqu'elles étaient seules avec toi (au Sept ouvert[1]). Mme M. et Uhl étaient là, la réponse de Mme M. a choqué Uhl. Je (Uhl) t'ai dit, par une sorte d'intuition et le désir de te rassurer : « non, je ne crois pas », car c'était un incroyable concours de circonstances qui avait permis la chose. Mme M. dit devant moi : « non, Uhl, on ne peut pas répondre ainsi à cette question » : donc ça pouvait recommencer. Personne n'avait prévu

1. Service de l'hôpital L'Eau Vive à Soisy, dédié aux courts séjours.

quoi que ce soit de cet ordre. Tu étais très gentil, très précautionneux pour tout le monde, attentif à autrui, on ne te sentait nullement agressif. C'est pourquoi Diatkine a été complètement bouleversé par le drame, comme quelque chose de non représentable pour lui.

Tu as vécu ainsi des périodes très longues, qui avaient un aspect de chronicité. Sous les changements incessants de formes de souffrance présentées, ce qui permanait [*sic*], c'était la même expression d'une même souffrance, d'une angoisse aux figures très variées d'une semaine à l'autre, et cela sur plusieurs mois. On avait le sentiment qu'on n'en sortirait pas. La seule chose que je (Uhl) dois faire : c'est *tenir*, ne pas désinvestir l'engagement personnel, tentation qui advient souvent lorsque les thérapeutiques échouent. En fait, nous avons (Uhl et le groupe soignant tout entier) toujours investi comme si nous découvrions ton cas la veille. Le groupe institutionnel a *toujours été en crise* vis-à-vis de toi, il n'y a jamais eu de ronron, on a toujours géré cette crise. La découverte d'un patient est toujours une crise pour celui qui le découvre : on est soi-même en crise devant lui. Dans l'organisation des soins [au] long cours, nous sommes toujours restés dans cet état de crise.

Dans cet état de crise, ma (Uhl) réponse et celle du groupe soignant ressemblaient à quelque chose comme un *sauvetage*. Tu ne cessais de dire de mille manières « je coule » : la réponse la plus naturelle était de te tendre la perche, la main. Par exemple le matin, lorsque j'allais te voir dans ta chambre, tu vivais dans l'attente impatiente et dans l'urgence de communiquer les contenus oniriques de la nuit précédente. Tes cauchemars te laissaient épuisé, ce n'étaient pas tant des cauchemars que des rêves d'angoisse sans fin. Pour sortir de l'onirisme, tu devais fournir un travail considérable pour faire le tri entre les hallucinations oniriques et la réalité. Pour cela, tu te servais beaucoup de moi : tu racontais avec angoisse ton rêve que tu revivais dans l'angoisse, et en le racontant tu le mettais ainsi à distance. Sauvetage voulait ainsi dire : te permettre de faire le tri, t'aider à le faire, tant que le tri n'était pas fait, tu restais dans l'angoisse de l'hallucination onirique. En même temps la chronicité avait un aspect inquiétant : ton profond affaiblissement physique et psychique, tu te levais de moins en moins et, levé, tu ne faisais que quelques pas dans le service. Tous ces troubles donnaient une impression très pénible : comme si cela signifiait que tu ne pouvais vivre qu'à l'hôpital avec un accompagnement soignant constant. Ce qui décourageait l'équipe soignante : cet épuisement, on n'en verrait jamais le bout, tu avais pris un coup de vieux, tu ne parvenais pas à retrouver tes défenses intérieures.

L'hôpital devenait ainsi *ton monde,* à l'exclusion de tout le reste, ce qui me posait un problème immense : au fond, tu avais raison, tu avais tout perdu, tout ce que tu vivais c'était à l'hôpital, l'extérieur avait disparu. L'hôpital avait pris pour toi une telle place que nous nous disions : nous n'arriverons jamais à le faire sortir de l'hôpital, c'était incroyablement difficile car tu avais tout perdu, tout était à reconstruire et à ton âge en plus.

Il nous est arrivé de nous enfoncer dans des projets fous, tellement il était évident que pour toi le monde extérieur était un rempart, un mur infranchissable. Tu savais que ton appartement était empli de caisses de livres, tu décrivais ton appartement comme inaccessible, inhabitable, tu le décrivais ainsi, tant que le problème des caisses de livres n'aurait pas été réglé, tu ne pouvais songer à l'appartement, à y entrer seulement : tu n'avais pas de chez-toi, effectivement. D'où l'idée loufoque d'aller chercher avec la camionnette de l'hôpital tes caisses de livres qu'on amènerait à l'hôpital pour que tu les tries, et ensuite on les rangerait chez toi sur des étagères. Notre idée c'était que le rempart infranchissable que constituait le monde extérieur, on allait essayer de le franchir, de le surmonter *à partir de l'hôpital.* Ce problème impossible du monde extérieur, nous avons tenté de le prendre en charge. Il ne suffirait pas que tu ailles mieux dans le service, car tu était hanté par cet appartement comme inaccessible, et en plus tu disais que jamais tu ne pourrais y vivre seul. Il fallait donc s'occuper de cet infranchissable.

Michelle Loi[1] (très critiquée par tout le monde de tes amis) s'est trouvée à un endroit important, car elle amenait dans le service une représentation pratique du monde extérieur, en essayant de penser concrètement un *après.* C'était quelqu'un qui donnait corps à l'idée qu'il fallait, depuis l'hôpital organiser quelque chose comme la sortie de l'hôpital, quelque chose comme l'*après.*

1. Michelle Loi (1926-2002) : sévrienne de la promotion 1947, professeure de chinois à l'université Paris VIII, rencontra Louis Althusser en 1969 pour lequel elle éprouva une passion. Traductrice de Lu Xun, elle essaya d'organiser son voyage en Chine en 1974. Elle fit partie du très petit cercle des fidèles des dix dernières années qui s'occupèrent de lui dans toutes les circonstances.

L'extérieur te faisait terriblement peur, tu y projetais tout le poids de ta détresse ; ce qui jamais plus ne serait possible. L'intérieur de l'hôpital, tu l'avais érigé en *forteresse* pour te protéger de l'extérieur. Par exemple, quitter Sainte-Anne t'avait beaucoup déplu. Tu t'étais de la même manière constitué une forteresse dans Sainte-Anne, tu y avais trouvé une sorte d'équilibre en reléguant au-dehors tous tes problèmes. Quand on t'a fait sortir de cette première forteresse, tu en as été bouleversé (Sainte-Anne était un aménagement défensif qui avait sa valeur).

J'avais une image de toi : quelqu'un d'assiégé, mais qui à l'intérieur de sa ville fortifiée, aurait de quoi soutenir un siège interminable. Comme tu avais tout ce qu'il fallait pour soutenir le siège, on pouvait bien t'assister tant qu'on le voudrait !

Ton angoisse devenait encore plus intense lorsque la forteresse devenait moins imperméable. Tu recevais de nombreux visiteurs qui te faisaient penser à l'extérieur, tu te mettais à penser à l'après ; ce qui chaque fois relançait l'angoisse, les maladies, les phobies. De nouveau l'extérieur apparaissait comme de plus en plus infranchissable. Un cercle.

Après ta deuxième sortie de l'hôpital, après un épisode maniaque suivit un bref épisode confusionnel, je (Uhl) me fixais ainsi l'idée de mon travail : il ne fallait pas que, sorti, tu reconstitues chez toi la forteresse hospitalière. Mon idée de base était : cette fois, s'il retourne à l'hôpital, il n'est pas sûr qu'il en sorte jamais. C'est pourquoi, pendant des semaines, on a tout fait pour t'aider à rester dans ton appartement, à t'y tenir, alors que ton état clinique relevait normalement de l'hospitalisation. J'ai pris effectivement de gros risques. Tu me téléphonais pour me dire : il y a le balcon, mon sixième étage, j'ai peur de sauter. Je venais te voir deux-trois fois par semaine. Un soir, je t'ai trouvé si mal que je t'ai amené chez moi, tu as dîné avec nous, ma femme et les enfants, tu étais toujours terriblement angoissé, je t'ai finalement raccompagné chez toi, où tu as fini par t'endormir. C'était toujours à la limite. Ma stratégie était : c'est sûr qu'à l'hôpital il sera protégé mais à quel prix pour la suite !

Il faut aussi considérer les contr'attitudes [*sic*] des équipes. Il y avait des infirmiers très liés à moi, qui acceptaient de jouer mon jeu, donc vivre des situations rocambolesques. Mais il y avait aussi des gens qui étaient contre (beaucoup), qui considéraient qu'il n'était pas normal de faire plus pour toi que pour les autres, qu'en cette direction il n'y avait pas d'issue, qu'il fallait être plus draconien, plus ferme avec toi. Ils considéraient que tes visites étaient des passe-droits. De fait tout le monde débarquait, souvent à la fois, des journées entières et certains nous interpellaient : « mais qu'est-ce que vous faites donc ! ça va de plus en plus mal, je m'oppose à ce que vous faites, qui est inadmissible ». Par exemple, Michelle L[oi] et Giovanna[1] protestant véhémentement contre la chambre de sécurité. C'était très compliqué de trouver un compromis entre la pression de l'équipe et la pression de ton entourage (tes amis). Toi, tu n'étais pas neutre, tu réveillais l'angoisse de tes amis (ton entourage) qui faisait alors pression sur moi, etc.

1. Giovanna Madonia, cf. note *supra*, p. 110.

Il y a eu une période cocasse avant la fin de ta première ou seconde hospitalisation. Tu avais des permissions qui allaient bien, tu t'es alors jeté dans des revendications, tu as établi une liste de tout ce que tu avais perdu, pulls, chemises, pantalons, une lampe précieuse cassée, avec les prix, tu as tapé une affichette à la machine, tu l'as affichée sur le mur du service pour que tout le monde soit au courant, tu en as adressé le double à Mme M., qui en a beaucoup ri. C'était un mouvement de reprise des choses en main, ces pertes épouvantables et impossibles à dire, tu as trouvé des mots pour les dire, pour dire : ce qui s'est passé, ça m'a coûté tant. Tu parvenais à une sorte de maîtrise en comptabilisant tes pertes. Tu n'as pas donné suite, mais c'était le mouvement qui était important. Tu n'étais pas maniaque, mais assez en forme, tu avais plusieurs idées en tête, des initiatives d'organisation, l'angoisse était toujours là, mais moins prégnante. C'était une période où tu cherchais à régler les problèmes des autres. Par ex[emple] A. Tu m'as dit que son internement était une sale histoire, tu te faisais le porte-parole d'A, qui croyait qu'on l'avait interné abusivement, et qui y voyait la main du PC. Je t'ai dit fermement de « laisser tomber », tu m'as cru et tu as laissé tomber. Tu avais été intensément mobilisé pendant cette période de revendications tous azimuts. C'était comme une époque du deuil du service. Tu me posais des questions sur différents patients (Nadia, Dalia) « est-elle schizophrène ? », tu te mettais à regarder autour de toi, tu me demandais : l'hôpital qu'est-ce que c'est ? Tu te voyais hospitalisé parmi d'autres. Tu m'interrogeais sur mes activités à l'extérieur, sur les cours que je donnais à la Salpêtrière, tu voulais assister à un cours que je donnais sur l'hystérie, je tremblais à cette idée, tu commençais à t'intéresser par ce biais à un certain extérieur et dans le même mouvement tu te demandais : mais que sont donc ceux qui sont ici avec moi ?

Dans la première période, quand nous nous parlions, tu étais très approbateur à ce que je te disais, mais après tu allais voir les infirmières, et c'était l'envers, tu demandais aux infirmières : « mais le Dr Uhl, il sait ce qu'il dit, de quoi il parle, vous êtes sûres ? » ce n'est pas au cours de l'entretien que tu désapprouvais, mais après, quand nous n'étions plus ensemble.

Dans la première année, il y avait quelque chose de très dur à prendre en charge, on était exposés à des vents de rumeurs, aux réactions de l'opinion publique, aux journaux, on vivait dans un danger constant, comme toi, il y a eu des tas de rumeurs et d'articles et il y avait toujours quelqu'un pour les rapporter, nous en informer, nous vivions cela comme un péril : l'extérieur est mauvais, il faut s'en défendre, l'extérieur envoie des messages traumatiques, il faut s'en défendre, nous participions à l'idée que l'hôpital était une idée de forteresse pour toi, dont tu ne pourrais pas sortir.

J'ai été très impressionné par ce que m'a dit Ollier[1], qui au début recevait pour toi (adressées à toi), des dizaines et des dizaines de lettres de partout, de toutes sortes de gens plus ou moins déséquilibrés, des lettres d'insultes,

1. Médecin psychiatre à l'hôpital Sainte-Anne.

politiques et autres (surtout contre le communisme à ton propos). J'en ai été frappé et imprégné : l'extérieur est mauvais, il retourne le fer dans la plaie, il faut t'en protéger. C'est ainsi que les soignants (à Sainte-Anne et ici) ont bâti avec toi la forteresse dont on ne pouvait plus sortir.

Il y avait Engelergues[1], puis, plus ou moins les gens du XIIIe, tu n'avais pas de famille, mais tu en avais comme deux : tes amis, et les gens du XIIIe. Exemple l'arrivée de Macciochi[2] dans le service, tout le monde était très inquiet, on craignait qu'elle ne vienne te tirer les vers du nez pour son livre. Tout le monde était très inquiet dans le service (le secteur Sept fermé), Derrida[3] et les autres, on disait pis que pendre d'elle. Bon exemple de la réaction pour me protéger du dehors dans ta forteresse. M[aria]-A[ntonietta] est venue un dimanche, j'étais inquiet, ensuite tu m'as dit elle a été gentille. Et même Green[4], venu sans prévenir en te donnant cette interprétation que tu as répétée (que tu avais sous les espèces d'H. tué ton analyste, voulu tuer ton analyste), tu en as été effondré. Au matin j'étais assez furieux de son intervention, il ne m'avait ni prévenu avant ni téléphoné après, et de son interprétation sauvage, nous avions l'esprit que tu nous appartenais, et

---

1. Médecin psychiatre à l'hôpital Sainte-Anne.

2. Maria Antonietta Macciochi (1922-2007), intellectuelle italienne, militante du PCI, correspondante de *L'Unità* à Paris, amie de Louis Althusser depuis 1966.

3. Jacques Derrida (1930-2004), philosophe. Elève de Louis Althusser à l'ENS (promotion 1952). Devient agrégé répétiteur de philosophie en 1964. Ami très proche de Louis Althusser.

4. André Green (1927-2012), psychanalyste qui rencontra plusieurs fois Althusser à Gordes et souhaita le revoir après 1980.

qu'il fallait te défendre des autres, nous étions autant dans la forteresse que toi, dans la même galère, et en garde contre tout article ou toute visite qui allait te traumatiser ou te déprimer.

J'éprouvais une très forte angoisse au sujet de tes insomnies : leur problème et les drogues à t'administrer. On t'avait donné une prescription tout à fait inhabituelle : du laudanum et du chloral. Lorsque tu ne dormais pas (pendant de très longues périodes), j'étais moi-même tellement angoissé que j'en ai perdu totalement le sommeil, je n'arrivais plus à dormir tellement j'étais épuisé. Je me rappelle être parti huit jours dans le Midi ; pour me reposer, même là je ne suis pas arrivé à dormir.

L'idée était de faire corps avec toi, pour te protéger contre un extérieur agressif et mauvais : un extérieur peuplé de gens qui avaient besoin d'abattre une idole, et d'assister à sa chute... dans ce cas-là, deux attitudes possibles : 1) ou bien on reste neutre, on assiste à tes fantasmes, à leurs fantasmes et à leurs agressions 2) ou bien, pied à pied, on scrute l'horizon pour prévoir le pépin qui allait non *te* tomber dessus, mais *nous* tomber dessus. Ça a duré très longtemps, plus d'un an et demi. Pendant cette période, l'aide de Diatkine m'a été capitale. Si je n'avais pas eu le soutien de D[iatkine] et ces échanges en profondeur avec lui, j'aurais très très mal supporté la situation, car je me sentais *seul*, *très seul* – alors qu'il y avait tellement de gens à mes côtés... puis il y a eu la maladie de Mme M. Lorsqu'elle est revenue, elle a voulu tout reprendre en main, mais on avait le sentiment que c'était vraiment difficile qu'elle prenne le train en marche alors que D[iatkine] n'avait jamais failli. Mme M. réagissait à sa façon à son angoisse, avec beaucoup d'énergie. Puis elle a voulu te faire passer un scanner, pour voir si tu avais une lésion cérébrale, que ton état clinique rendait impossible. Que faire ? C'était un comportement, une idée démobilisatrice – l'idée d'un scanner était à contresens de l'idée : il faut tenir, car si tu avais une lésion irréversible, que signifiait tenir ? L'idée de faire un scanner (qui a donné un résultat normal), c'était au fond une façon de dire qu'il fallait en finir avec ce bonhomme, une fois le diagnostic acquis, alors fini !

Il y avait quelque chose de très important chez tes soignants : le désir de *te plaire*. Cela donnait des réponses pas habituelles, des désaccords entre les protagonistes. Chez certains membres de l'équipe, il y avait le désir de te rejeter, et même des collègues me disaient : au fond, est-ce que tu aurais fait cela pour un autre que lui ? Je répondais : certainement pas, c'est parce que c'était lui que je fais tout ça (mais on peut dire cela pour tout patient : on fait ce qu'il faut pour chaque patient). Devais-je faire comme si tu n'étais pas un homme célèbre, recevant des tas de lettres d'injures, avec des tas de gens guettant la chute de l'idole ? Faire abstraction de ce que tu étais et de ta situation me paraissait parfaitement factice.

Quand tu es arrivé de Sainte-Anne, tu allais bien (Vivalan et Athymil), psychiatriquement tu n'étais pas malade. Tu avais eu un choc psychologique mais il semblait corrigé. Et sans raison particulière, tu es retombé dans la dépression et l'angoisse. Il y aurait eu un désordre psychologique rémanent mais qui se serait corrigé, puis à un moment donné ça se détraque sans qu'on puisse savoir pourquoi. Le choc biologique a dû jouer, mais il faut tenir compte aussi des intervalles de rémission.

En te faisant des chocs à Sainte-Anne, ils ont cherché à te confusionner [*sic*], pour éviter le suicide : les chocs provoquent une confusion contrôlée. Tu as été en réanimation à Sainte-Anne. À Soisy au début tu étais en deuil mais pas déprimé. Il faudrait admettre que le désordre biologique a évolué par vagues successives. Il faudrait lui adjoindre une autre hypothèse, de toutes façons c'est toujours pluri-factoriel. L'apparition si fréquente de confusion mentale me semble avoir été en réaction à des choses traumatiques, qui par vagues te tombaient dessus. Tu as été l'an et demi en crise, tu étais tout le temps débordé par des vagues traumatiques, à Sainte-Anne tu en étais protégé ensuite tu en as été moins protégé, il y avait des vagues intérieures (angoisse) ou extérieures (l'appartement et ses caisses de livres). Cette réaction en crise provoquait de grands effondrements psychiques et somatiques. Les drogues étaient inefficaces ou provoquaient des effets paradoxaux ; ne pas oublier que la confusion est un mode de défense. Ne pas prendre en compte le désordre biologique serait une folie, mais il ne suffit pas à expliquer tout.

Sur Hélène. Je pense, d'après les épisodes psychopathologiques que j'ai observés à L'Eau Vive, que tu as dû avoir les mêmes au moment du drame : onirisme, confusion, mélancolie et état passionnel. Tout un ensemble de mouvements intérieurs qui ont rendu possible le passage à l'acte, un passage à l'acte tout à fait grave. Mais la grande question c'est qu'H. s'est laissé faire. Je crois que cela a été un meurtre fait à deux. Si elle t'avait tiré de ton onirisme confus d'une simple gifle dans la figure, cela aurait sans doute modifié la séquence.

Tu trouves dans tes relations avec autrui les figues (figures ?) immédiates de ce que tu ressens : dans ton rapport à autrui (dans cet état), collage immédiat sur lui, sans distance.

Je considère la scène du meurtre comme une scène où H. a dû jouer un rôle actif (même sous forme apparemment passive) et ambigu : équivalent d'une scène de séduction sexuelle. Elle a dû être active, provocante quelque part, par exemple la veille ou plus tard. Le meurtre s'est fait à deux : il a été la réalisation à deux d'un type extrême de relation sexuelle. Une folie à deux. Qu'est-ce que folie ? Folie = passion, au sens fort. La réalité t'apparaissait de plus en plus telle que tu la voyais, et non telle qu'elle était en fait. Il y a eu un emballement de la passion (la folie n'est pas du tout la psychose pour nous, car la folie est une passion intense qui investit totalement le réel, alors que la psychose isole complètement du réel).

Ex[emple] : la *folie phobique*. Une femme voit une araignée sur un mur. Si elle est phobique, le travail de perception de l'araignée est déformé par la projection de ce qu'elle investit dans l'araignée. Parfaitement, il y a de la folie dans les névroses. La folie dérive du non-contrôle du sujet sur ses fantasmes (à son insu bien entendu), et c'est ainsi qu'il voit et pense l'araignée comme très dangereuse, d'où sa peur, panique. Au début l'idée asilaire de la folie confondait démence et folie. L'idée initiale de la folie correspondait à celle d'un homme qui a perdu le contrôle de ses paroles et de ses actes. Aujourd'hui on considère que la folie est indispensable à l'existence humaine elle-même, sinon les choses ne seraient pas ce qu'elles sont, et n'auraient pas cette couleur et cette saveur que nous projetons sur elles et en elles.

La folie est un mécanisme normal mais qui s'emballe. Diatkine dit que l'on tombe dans la dépression lorsque *la folie* (quotidienne et normale) *devient impossible.* Si je ne puis faire de ma femme (tout ordinaire qu'elle soit) une femme belle, idéale, une sorte de reine attirante, en projetant sur elle ma folie (passion), mon ménage est foutu. Il advient quelque chose de tout à fait autre, lorsque les passions s'en mêlent à l'excès, quand le travail projectif devient brusquement intense, très intense. L'état normal veut que je ne puisse percevoir sans projection, en d'autres termes, si tu veux, je ne perçois que si je suis disposé à accueillir. Si mon appareil perceptif est profondément troublé, je vais prêter à mes objets de perception des caractéristiques tout à fait nouvelles, qui vont déformer mon appréhension de la réalité extérieure, profondément.

Ex[emple] je dors seul dans une maison complètement isolée, et la nuit j'entends l'escalier de bois craquer. 9 personnes sur 10 vont projeter sur la perception du bois qui craque le fantasme qu'il y a quelqu'un qui monte l'escalier. La perception est infiltrée par les émois d'angoisse projetée à l'extérieur sur l'objet.

Cette projection c'est ce qui, à l'état normal donne leurs colorations, leur intérêt à nos perceptions. Sur folie et psychose, Green dit que la folie c'est l'Eros, et la psychose Thanatos.

Dans cette projection s'ajoute quelque chose de très important : la réaction des personnes ou de la personne présente. La réponse de la personne présente est aussi fonction des projections faites par celui qui s'adresse à elle. La réponse de cette personne va avoir un intérêt et un effet particuliers, car cette personne est mise en relief.

Les fantasmes et éléments agressifs : rien de plus naturel chez tout le monde. Il y a toujours entre deux personnes comme une lutte de pouvoir.

Oui, H. s'est sentie quelque part comme dépossédée (par ta notoriété par le fait que tout le monde s'adressait à elle, quand tu étais malade, pour avoir de tes nouvelles, non des siennes alors qu'elle supportait tout le poids de ta maladie et de très près). Tu voulais à tout prix « sauver » H. Mais plus ta notoriété grandissait, et comme tu étais gentil, abordable, ça devenait de plus en plus difficile pour elle d'être à côté de quelqu'un de « grand », ça ne vous améliore pas. Elle avait une intense angoisse d'être une « affreuse », une « mégère », le drame c'est que tu es devenu (à sa place) l'affreux qui l'a tuée et elle la pauvre victime. Elle, la victime, sa mort a réparé sa vie. Sa mort a inversé les rôles.

A la limite, cette inversion des rôles inconsciemment voulue des deux côtés, ça n'existe que dans *l'après-coup,* parce que l'événement a eu lieu. Dire que tu voulais inconsciemment sa mort, ça voudrait dire d'une certaine manière que le meurtre était prémédité (par l'inconscient), c'est attribuer aux fantasmes inconscients un rôle qu'ils n'ont pas. La valeur de *l'après-coup* (inversion des rôles) n'a de sens que parce que l'événement a eu lieu. Le deuxième temps (l'événement) est capital pour que prenne corps et forme la représentation de l'inversion des rôles, c'est un sauvetage ultime que de lui permettre pour toujours d'être le mauvais, le cas sans intérêt, moi ayant endossé toutes les critiques (cf. la presse) alors qu'elle devient la pauvre victime. Il y a tous les fantasmes dans l'inconscient. Dire que ce sont les fantasmes qui ont déterminé l'acte, c'est une déduction logique, mécanique. Les choses ne se passent pas ainsi dans l'événement, dans l'acte.

Tous les interprètes (journalistes qui ont écrit, comme ceux qui se sont tus y compris tes proches) y ont été de leur après-coup à eux. J'ai toujours pensé que tu devrais pouvoir dire un jour quel était ton *après-coup* à toi, que tu t'expliques pour ton compte. Il ne faut pas que ton histoire se termine par le silence, terriblement néfaste et équivoque, car ce silence n'est pas un point final. Il faut que tu interviennes pour introduire une scansion pour qu'une temporalité se réintroduise dans ton histoire. Tout le monde est dans la confusion. Il faut faire comprendre que ça a été une étape, il faut que ton intervention relance une histoire : une scansion qui réintroduise la temporalité.

Pour la plupart des gens, tu n'es pas mort mais disparu. « Il est disparu. » On ne peut pas commencer le deuil puisque, disparu, il peut réapparaître. La disparition est une mort impossible, une situation intenable. Disparaître n'est pas être mort. La disparition laisse sur un malaise. Elle est confusionnante et compromet ce qui l'a précédée.

Tu as d'ailleurs fait une première tentative dans le texte que tu as écrit dans une période d'hyperactivité, et que tu m'as montré. Il y avait un chapitre introductif sur ton histoire, tu éprouvais déjà le besoin d'une scansion pour redémarrer. Même à l'hôpital tu avais le sentiment qu'ayant fait sous ce rapport un bout de chemin, tes amis étaient en retard, il ne pouvait en être autrement, puisque tu es seul à pouvoir parler en ton nom.

Je me demande si ton projet actuel n'est pas une façon d'organiser la fin de ton analyse. Actuellement il n'y a plus comme avant de déni ni de méconnaissance de tout un paquet de choses. Pourquoi est-ce plus facile pour toi maintenant ? Une fois que le deuil est fait, la transaction avec le souvenir de l'objet est plus facile qu'avec l'objet vivant.

Tu te demandes si H. et toi n'étiez pas dans une impasse. L'impasse (comme tout jugement sur les effets de la situation) n'a de sens que dans un après-coup. Du vivant d'H. avant l'événement tout ce qui apparaît dans un certain après-coup comme impossible ou inévitable ne l'était pas ni logiquement ni mécaniquement. On voit des choses inouïes se produire dans les pires « impasses ». Je n'aurais pas parlé d'impasse dans le sens d'un mécanisme logique et fatal, du vivant d'Hélène.

Remerciements

Je tiens à remercier tout particulièrement François Boddaert, neveu et légataire universel de Louis Althusser, pour sa confiance toujours renouvelée.

Je tiens à remercier Yann Moulier Boutang ainsi que François Matheron pour leur assistance toujours amicale et généreuse pour l'établissement des textes et des notes. Remerciements à G. Michaël Ghosgarian.

Mes remerciements à Olivier Nora et Bernard-Henri Lévy, des éditions Grasset, qui ont rendu possible l'élaboration de ce volume, pour leur patience.

Mes remerciements vont également aux éditions Stock qui ont accepté la reproduction à titre gracieux dans ce volume d'extraits de textes de Louis Althusser qu'ils avaient publiés dans *L'avenir dure longtemps*, le *Journal de captivité* et les *Lettres à Franca*.

Enfin, je tiens spécialement à remercier Laure Papin qui a assuré la transcription initiale de rêves, les membres de l'équipe de l'IMEC qui ont répondu à mes nombreuses sollicitations des archives de Louis Althusser et en particulier Pascale Butel et Sandrine Samson ainsi qu'Annabelle Weber pour la mise au point définitive de cet ouvrage.

TABLE

DU MÊME AUTEUR (suite)

Sur la philosophie. Entretiens et correspondances avec Fernanda Navarro, suivi de *La Transformation de la philosophie*, collection « L'Infini », Paris, Gallimard, 1994

Écrits philosophiques et politiques, tome II, textes réunis et présentés par François Matheron, Paris, Stock/IMEC, 1995

Sur la reproduction, textes réunis et présentés par Jacques Bidet, collection « Actuel Marx », Paris, P.U.F., 1995

Pour Marx, réédition collection « La Découverte/ Poche » avec un avant-propos d'Étienne Balibar, Paris, La Découverte, 1996

Psychanalyse et sciences humaines. Deux conférences (1963-1964), textes réunis et présentés par Oivier Corpet et François Matheron, collection « Biblio Essais », Paris, Livre de Poche, 1996

Lettres à Franca (1961-1973), édition établie et présentée par François Matheron et Yann Moulier Boutang, Paris, Stock/IMEC, 1998

Solitude de Machiavel et autres textes, collection « Actuel Marx », édition préparée et présentée par Yves Sintomer, Paris, P.U.F., 1998

Montesquieu, la politique et l'histoire, réédition, collection Quadrige », Paris, P.U.F., 2003

Politique et histoire, de Machiavel à Marx : cours à l'École normale supérieure de 1955 à 1972, texte établi et présenté par François Matheron, collection « Traces écrites », Paris, Seuil, 2006

Penser Louis Althusser, textes réunis et présentés par Antoine Casanova et Yves Vargas, *Dossiers de la pensée*, Paris, Le temps des cerises, 2006

Lire « Le Capital », collection « Théorie », Paris, F. Maspero, 1965 (en collaboration). Nouvelle édition, collection « Quadrige », Paris, P.U.F., 2008

Sur le contrat social, édition établie par Patrick Hochart, collection « Le marteau sans maître », Houilles, Manucius, 2008

Machiavel et nous, textes réunis et présentés par François Matheron, avec une préface d'Étienne Balibar, collection « Texto », Paris, Tallandier, 2009

Lettres à Hélène, 1947-1980, édition établie et présentée par Olivier Corpet avec une préface de Bernard-Henri Lévy, Paris, Grasset/IMEC, 2011

Initiation à la philosophie pour les non-philosophes, texte établi et annoté par G.M. Goshgarian, avec une préface de Guillaume Sibertin-Blanc, collection « Perspectives critiques », Paris, P.U.F., 2014

Être marxiste en philosophie, texte édité et introduit par G.M. Goshgarian, collection « Perspectives critiques », Paris, P.U.F., 2015

Imprimé en France
FRHW011924181121
29073FR00016B/385

9 782246 783374